WATER AND FIRE
ELEMENTS COMPATIBILITY
BUSINESS MANAGEMENT

水火管理学

谭立东 · 著

西南财经大学出版社

中国·成都

前　言

　　本书主要面对致力于创新、创业公司的管理，总结并提出"理事如火，管人似水"的管理观念，希望建立一种具有全面创新源动力的标准公司管理模式，提出了 70 余条管理新观点。

　　书中除了提出公司标准组织结构图这样完整的理论系统外，还从"理事如火，管人似水"的管理观念出发提出了一系列新管理概念。这些新管理概念绝大多数是从探索个别而实用的案例开始的，这些起步的知识在很多人看来有些零乱而幼稚。虽然我们确实要传承已有的知识，但对于探索新知识我们必须从自己的感性认识出发。

　　这让我想起了我上高中时南昌十中的袁斯桂老师举的关于"合理即存在的，存在即合理的"这句名言解释的例子。

　　黑格尔的这句名言出自其《法哲学原理》（Grundlinien der Philosophie des Rechts，1820）。

　　原文是：Was vernünftig ist，das ist wirklich；und was wirklich ist，das ist vernünftig.

　　英文翻译是：What is reasonable is real；that which is real is reasonable. 另译：What is rational is actual and what is actual is rational.

　　当时老师说：金字塔多数人都没有看过，但它是存在的。因为我们看过照片还有别人讲述都很合理，所以它存在。

这就是：合理的存在性。

不过，老师没对下一句进行有效的解释，但正是有这样一位有思想的老师，只是一个偶然而简单的例子，开启了我人生思考的大门。后来我经过多年的思考对黑格尔这一名言的下半句进行了一番解释。

拿科学家来说，科学家的存在感，要靠做实验。

而不能看照片，或者是道听途说。

即使看到的有可能是海市蜃楼。假权威。

所以存在一定要合理。

如果不合理就是"存在"所定义的概念错了，而并不是合理错了。

总结一下"合理即存在的，存在即合理的"的认识方法论。

"合理即存在的"是对于自己非专业领域知识的认识方法，我们应当在自己没有研究的领域里认可现实存在的公认观点。

"存在即合理的"是对于自己专业领域知识的认识方法，我们应当对专业知识中被宣称为"存在"的事物的逻辑性进行仔细研究，如果其不合理，就对其定义的范畴进行整理，直至其合理为止，为合理的认知世界添加自己一份认识的力量，而不是一味地盲从已知概念。

研究一门知识，最基本的要素就是研究这门知识范畴内的概念，这些概念必须合理。

这就是我可以提出这么多与前人不一样的管理观点的原因。

国内的主流市场管理书籍多是人品管理书籍，认为把管理者培养成拥有果断、勇敢、耐心、无条件执行等品质就可以解决管理问题。这就相当于说一个勇敢的人就可以生活得很好一样，确实可以举出很多例子。但如果要使更多人生活得更好，从人类历史的角度看，还是要了解物理学等自然科学。

现实是只有经过工业化大规模的科学技术普及，普通人的生活才能达到小康，而不是仅仅依靠道德的灌输。

仅依靠一些心灵激励夸大道德的作用是无意义的。果断、勇敢、耐心、无条件执行这些概念与管理学的概念不在一个范畴之内。因此，在科学的管理学里面不会有这些概念的一席之地，使用这些概念研究管理的学者也永远不会有所成就。

即使国外市场上许多以案例为主的管理学书籍，他们省去案例前因后果的分析，缺少各部门作用配合的理解，与其说是管理学著作，不如说是加了一些技巧的成功学心灵鸡汤。

我们把这些非管理范畴之内只注重道德灌输的管理理论称为**鸡汤管理学**。

喝了这些鸡汤管理学的心灵鸡汤，可能让你一时之间斗志昂扬，但你肯定不能认知过去由经验检验有效的公司管理运行整体结构，更不要说一些没有被前人发现的前沿知识。

要知道知识与产品一样，只有在其推广、竞争阶段才是最有价值的，也是你获得超过社会平均经济效率的倚仗。而道德的研究只能提升人的精神，无法让人获得实用的知识。

这里特别感谢国外学者如亨利·法约尔、弗雷德里克·温斯洛·泰勒等管理大师的理论，让我的管理理论可以找到门径，还有管理大师德鲁克所举的那些没有主观因素的管理学案例，使我有机会可以真实地了解到市场经济管理学上的真正问题，并思考现行的管理理论的问题所在。

　　其他一些我所知的重要管理知识虽然不全面，但都是我认为重要的前沿的管理范畴之内的知识，可以为全面地管理公司打下思维模式的基础。

现在市场上的管理理论众多，这些理论虽然相互有一些关联但缺少共同框架系统。我们需要在一个共同的系统中探讨公司职能与部门的运行规律，这就是下面要提出的公司标准组织结构图。

理事如火与管人似水是《水火管理学》中两个形象的比喻，做这种比喻是为了让读者更形象地理解本书的思想理念。而创新与传承这两个概念在公司管理工作中的具体表现就是理事如火与管人似水。

这两个知识点阐明了本书的系统结构与理论基础。

现在市场上的管理学书籍可以说多如牛毛，不过不外乎如下二种形式：

第一种是职能式，即把管理的职能分为决策、计划、组织等职能。强调每种职能的定义与作用，但是没有说明具体由哪个部门如人事部、研发部等来执行这些职能。

第二种是部门式，即把人事部、研发部等部门的责任与作用写得很明确，但对管理的决策、计划、组织等职能却只字不提。并且这种部门式的理论对于各部门的工作流程描述也是相当模糊的。

第三种是事例加心得式，即把自己的管理心得与事例结合起来，既不明确地讲述决策、计划、组织等职能，也不论述各部门的作用，典型的如管理大师德鲁克的著作。如果你原来不是公司上层或不具备基本的管理知识，可能你通读完他的著作也不知道公司到底应设置几个部门，要怎样设置。

由于早期对于管理认识模糊，可以说在法约尔提出管理职能的分类前，大多数著作是这种类型的。即使到现在，抛开职能与部门，用例子加自己的心得来写管理学著作仍是主流。

而本书的管理理论则是把职能式与部门式融合起来，每个职能由对应的几个部门来执行管理职能，从而明晰工作流程，使每个部门都接受上一个部门管理并受到有效的控制。

这是一种全新组织结构图，让管人似水与理事如火两方面的工作智慧整合在一个体系之内，并在这个体系的深入探讨之中解决过去管理学中无法解释的各种现象与问题。

新管理学的公司结构流程图见图1。

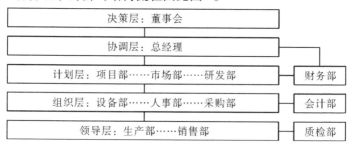

图1　新管理学的公司结构流程图

　　这个体系有什么好处呢？它使人们把职能管理如人事管理、销售管理与管理职能如决策、计划统一在一起。

　　这个流程图给人们这样一种明确的工作流程：

　　由董事会做出决策，总经理作为解释决策的总执行者协调执行。

　　计划者把决策细化到可以实施的程度。在产品的计划阶段，以决策为依据，由财务进行控制。

　　组织者从外部购入计划所需要的各种财富，并负责长期维护。在产品的组织阶段，组织方案按设计执行，并由会计进行控制。

　　领导者带领员工进行生产，直到将产品销售给客户，产生利润。在产品生产阶段，产品按设计图纸生产，然后由质检人员对产品进行质量控制。

　　按《幸福经济学》的理论，销售是生产的一部分，所以销售是生产部门的后续生产工作。与之对应的市场则是做产品计划的一个部门，设计与市场部门都在做计划工作。

　　这样，每个部门都是在按合同做自己分内的事，因此不存在像传统管理理论那样各个方面都要被管理者无条件指使，成为按合同工作的自由员工。

　　各部门要求的特点不同，决策者要善于发现，找出自发创新的价值并做出判断。计划者要对现有工具的使用胸有成竹，并能把新项目构思安置在过去的工作计划上。组织者要能迅速地从市场上找到完成计划所需的各种生产要素。领导者要能以身作则，调动员工的积极性，按计划生产出产品并进行销售。

我们把这种像数学公式一样完美的公司组织结构图称为**公司标准组织结构图**。

使用公司标准组织结构图的好处是工作流程清晰，可以防止权力被架空。

我们回过头来看一下传统的组织结构图（见图2）。

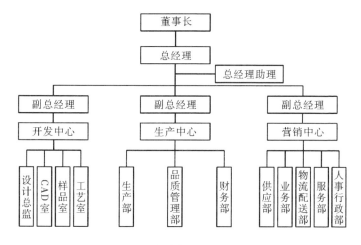

图2　传统的组织结构图

在传统的组织结构图中，由于计划部门如设计、市场、财务部门，不能为人事、设备、采购等部门提供必要的计划，所以往往是由一个事事精通但又无法具体负责的副总经理协调负责。这导致副总经理与计划部门的双重指导，但出了问题又会相互扯皮。同样，生产、销售不按计划行事，不按组织部门给定的资源进行生产，从而导致出了问题相互指责、有了功劳一拥而上。

这种由总经理一人负责所有职能的组织架构，对高层的要求极为苛刻，要求高层每次都能对各个员工的职能做详细的指派。只有让员工在规定的时间内完成指派的职能，才能促成公司正常运转。由于指派的职能很可能是员工不熟悉的，所以员工只有听从管理者的安排，从而迫使员工盲目崇拜、服从管理者，使管理者的权利过大。

我们把由于专业而培养出独立人格的现象称为**专业优化个性现象**。

专业优化个性现象可以用来解释那些市场分工明确的艺术家、技术专家、文学家们为什么个性那么独立且具有创造性。

从专业优化个性现象可以看出，正因为有了公司标准组织结构图，我们才可以在一个共同的系统之中探讨公司职能与部门的运行规律，从而有机会发现一系列行之有效的管理新理论。

管理可以分成管与理两个字。

管的本义是一种类似于笛的管乐器。引申到管理中可以看成力量使用的规矩、制度。按照这种制度运行就如空气在管这样一种乐器通道之中会产生美妙的音乐一样，能让公司持续盈利。

理的本义是物质本身的纹路、层次，客观事物本身的次序；这都与事物的规律有关，引申到管理中是一个动词，即找出事物的规律。

由此我们可以看出，管理实际上是一个合成词，首先就是找出事物的规律，并理顺，这就是理，这是一种创新的工作；其次按照我们找出的规律制定制度，并让工作在制度规定的路径中运行，这就是管，这是一种传承的工作。

管理工作包含财富创造的两大因素——创新与传承，可以说在所有管理模式之下都应当区别对待。理事如火与管人似水是创新与传承这两个概念在公司管理工作中的具体表现，用理事如火与管人似水这种形象的说法，有利于理解本书针对各职能运作中遇到问题的解决方案。

目 录

第一章

混沌之中由利而起的公司

在全民创新创业的新时代要求之下，要培养公司形成的土壤，就要为公司的产生定好位，那就是提高经济效率。如果发现有利可图，自然就会有人组织在一起形成创业团队的雏形。这个创业团队在天时地利人和都具备的条件下，就有形成公司的机会。

第二章

理事如火的小公司及公司项目管理

公司创新创业首先要定好位，那就是要解决大公司计划之外的问题。这就像火中取栗，一不小心将面临大公司因规模产生的经济效率优势的碾压。创新创业项目计划要以公司的优势为突破口。

第三章
管人似水的成熟公司系统 /97

公司决策是基于过去成功的项目，因此它的改进只能是润物细无声，而不能动辄改变根基。公司协调在于对整体公司计划的把握，贵在能行云流水，让公司各部门协调一致。公司计划是决策的放大，也是各部门执行的细则，它起着把各部门连成整体的作用。

第一章

混沌之中由利而起的公司

创新创业的实质：有利可图

在创新创业之前，我们首先要了解公司创立的方向，那就是盈利，有利可图是公司的目标。

"经济人"到"效率人"理论进阶——混沌由利而分

公司运营的目标就是获利或盈利。那么，什么是利？利：会意字，从刀，从禾，表示以刀断禾的意思。利的本义是：刀剑锋利，刀口快，这是一种持续的状态。现在利的基本字义是：好处。

利的解释为什么会由"刀剑锋利，刀口快"转变为"好处"，这就得从人们获得好处的根源说起，也就是说"好处"到底是从哪里来的。

老板会说"利"或"好处"不是我开公司挣来的吗？经理会说"利"是我管理带来的，员工会说"利"是我上班工作得来的。

其实这些都只是对"利"的来源的片面解释，如果只听部分人的说辞，是不会对"利"有全面了解的。

我们通过远古人获利的方式来探寻"利"的真正内涵。

引用一个例子：原始人通过认识自然而了解了很多对自己有利的事物。例如，在一个地方发现用几块石头垒成的岩洞可以躲雨，于是原始人知道了石头的好处且记住了它。但这一地区的天然食物很快被吃完，于是他们迁移到一片果林边，这个地方离那几块用石头垒成的岩洞太远了，幸好这附近有几块石头，于是他们按照记忆中石头摆放的模样，用石头垒成岩洞的样子。这样，他们既可以躲雨又可以吃果实了。同样，他们看到果实落在田地里，第二年可以长出新的果实，于是就把自己采集的果实也埋在了地下，以期待来年有所收获。

从这个例子我们可以看出，"利"并不是无中生有的，而是一些自然界的元素本身对我们就有好处，而我们能做的就是从自然界中更便利、更智慧的取得对我们有好处的事物。这时，我们需要的就是像使用锋利的刀剑一样轻松如意，这就是"利"。

"利"不是一种静止的东西。但我们看到的"利"往往是以一种静止的状态存在的，如收获的粮食等。这些东西都是看似静态的东西，其实只是我们把动态的轻松如意固化到货物之中去了。

例如，充足的粮食，可以供我们从今年秋季到明年秋季这段时间使用。只有产生盈余，才可以说获"利"了；如果没有产生盈余，是没有"利"可言的。

粮食的农业生产必须有稳定的农田资源、人力，这是获"利"的底线，如果有合适的工具当然可能获"利"更大。其中，农田资源、人力、工具就组成了获"利"的一种工作状态。一般情况下，资源属于土地所有者，人力属于耕作者，工具属于投资者。只有三者共同支持农业工作，工作状态才能形成。

农民之所以把自己吃不完的粮食看成"利"，是因为把多余的粮食拿来喂鸡、喂猪，可以轻松地提高自己的生活水平，或者换成各种日常用品，让生活更加轻松如意。如果这个农民生活在深山之中，没牲畜可喂，无法让自己的营养条件更好，那么种多少粮食自己吃多少，吃不完第二年也用不上、坏了，就没有"利"可言。

同样，公司如果刚给员工发了工资，国家的货币体系就崩溃了，员工连下个月的饭都吃不起，那么这个月的工资对员工还有什么"利"可言呢？

所以，"利"不仅是一种高效率的生产状态，而且对应着使用"利"的体系。如果这个体系不再有，"利"也随之消失。从这个角度来说，能获"利"的工商业者往往都是社会稳定的支柱。因为只有社会稳定，他们才能获"利"。

过去的"经济人"理论把"利"看成静止的货币，在"经济人"假设中，经济人（希腊语：homooeconomicus）即假定人的思考和行为都是理性的，唯一试图获得的经济好处就是物质性补偿的最大化。这就是没搞清"利"必须与应用"利"的体系相对应，公司不但要盈"利"，而且应当维护资源、人力和工具三者稳定的契约关系。不能以破坏契约关系为代价获"利"。

任何假设都应当以现实为参照。假设人有三条腿，然后说，人是不会摔倒的，因为三点支撑最稳定（这可是物理学的定理，让人感觉提出假设的人很博学）。我们一定会说这是一个笑话。因为明明人只有两条腿，你还去假设人有三条腿不是个笑话吗？

"经济人"假设也是一个类似的笑话，人们明明知道有时候不是像"经济人"所定义的一样"行为动机就是为了满足自己的私利，工作是为了得到经济报酬"。人们很多时候的行为动机同时是为了维护"利"使用的道德与法律。但你一定要把维护以方便使用"利"的道德与法律动机省略，那只能是掩耳盗铃。

如果别人确实是聋人，你当然可以偷盗成功，当别人正常时，你的理论就只能失败了。

科学假设的目的，是为了探究我们未知的世界。例如，在没有天文望远镜前，我们假设宇宙是怎样的，以便我们研究，根据研究结果不断修正假设。但是，我们现在已经有了天文望远镜，事实摆在眼前，你还说宇宙不是我们看到的那样，而是你假设的那样，那只能是个笑话了。

因此，一般人把"利"看成一种盈余，我们这里却把"利"看成一种工作与应用状态，这种状态就是一种盈余可用的工作方式。这种工作方式不再是"经济人"，而应当看到"效率人"才是可持续地使用"利"的经济发展的追求。

所有的"利"都是产出大于投入这样一种高经济效率的体现，而公司的目标是提高经济效率，使员工在公司中工作可以获得比员工单独工作更高的经济效率，使社会投入更少的资源、人力和工具，可以获得更多的产品。公司的发展依靠使用先进的工具及其附带的技术，可以开发更多的资源。公司的"利"来源于人们智慧的创造。

工商业人士把自己的"利"定位在效率上而不仅仅是利润上，就光明正大地赢得了自己获"利"的使用场所，也摆脱了与自私自利者的关系。

当然，"利"仅仅是我们生活中的一部分。我们还有自然资源需要守卫，人身卫生需要护理，精神家园需要寄托，文化素质需要提升，等等。"利"可以让我们在很多方面支持其他的事业，使这些事业变得像使用锋利刀剑一样轻松如意，这就是"利"的作用。但是"利"并不能引导其他事业的发展，而是因为我们的身心需要轻松如意，所以我们才追求"利"。

正因为我们人类要在自然、社会中寻找有"利"的元素，为我们所用，所以大家才能看到"天下熙熙，皆为利来；天下攘攘，皆为利往"的热闹场面。大千世界因"利"而动，混沌自然因"利"而分。

污染自愈现象——杜邦工业毒物实验室方案

杜邦公司早在20世纪20年代就意识到它的许多产品有着有毒的副作用，并着手消除这些有毒物质。杜邦公司在那时就开始消除这种影响，而当时其他的化学公司都认为这种影响是理所当然的。但以后杜邦公司又决定把控制工业产品有毒物质的业务发展成为一个独立的企业。杜邦工业毒物实验室不仅为杜邦公司服务，而且为各种各样的顾客服务，为它们开发各种无毒的化合物，检验它们的产品的毒性，等等。于是，通过把一种影响转化为企业的机会而消除了这种不利影响。

——节选自《管理任务、责任和实践》

看了上面的例子，有人可能会说，杜邦公司如果不生产化工产品，不是就没有污染了吗？

公司需要提高经济效率就必须使用一些高效率的工具，并且集中使用一些资源。这都会造成一定的环境问题。事实上，传统的生活方式一样会破坏环境。

例如，在古代社会中常见的刀耕火种，就是要烧毁大片森林然后利用其产生的天然肥料耕种。如果以人类今天的人口密度来进行这种方式的粮食生产，污染会比使用化肥严重得多。

从公司的角度来说，在法律认可的范围之内保护环境是义不容辞的责任，这也是使用当地资源因而与当地民众签订契约关系的体现。当地民众允许一家公司进行生产是允许公司生产出市场需要的产品，而不是对人体有害的副产品。

一般来说，只要舍得花成本，污染总是可以减少到可以被接受的程度的。如果一种产品产生的危害比获得它的收益要大，那么它就不可能被允许大批生产，而只能停留在项目实验室里。

在正常的国家里，人们一旦发现某种产品生产过程中可能产生污染，就会有大量媒体报道，从而制止公司的污染行为。但真正最先知道产品生产中会产生污染的是这一行业的公司，鼓励公司自己发现污染的情况，并建立污染风险管控标准是预防污染的最重要手段。

如果新产品有足够大的生存空间，当产品进入竞争阶段，其他公司也会进入这一行业。这时，如果公司可以事先建立污染风险管控标准，就等于为公司产品建立了技术门槛。这项技术可以申请专利，甚至可以卖给其他公司。

相反，如果新产品没有足够大的生存空间，无法吸引其他公司进入该行业，那么随着时间的推移，其他产品将因为有很多公司参与而逐步改进，在功能上代替这种新产品，最后这种新产品将失去市场。这样，生产这种新产品的污染也将被控制在很小的范围之内。而且由于它是新产品，也会格外受到社会的关注，社会力量更容易发现并制止其污染。

我们把这种良性的循环称为**污染自愈现象**。

从杜邦公司的例子我们可以看出，如果想让某行业减少污染，最好的办法就是让更多的公司有机会进入该行业之中。只有这样，那些通过创新能解决污染问题的公司才会脱颖而出。因为基于本身获"利"的需要而给出解决污染的技术方案，这种方案被行业中更多公司使用时，行业的污染才会减少，而出售解决污染技术方案的公司也将会受益。

创新扩张红利现象——福特公司的加薪方案

在第一次世界大战以前不久的年代是美国劳工处于极不稳定的年代，工人的困苦日益增加而失业率很高。在许多情况下，技术工人的每小时工资可能低至一角五分。福特公司正是在这种背景中于 1913 年末宣布它保证付给其每一个职工五美元一天——是当时标准的两三倍。詹姆斯·卡鲁斯（James Couzens）是当时公司的总经理。他迫使他那个不情愿的合伙人接受他的这一决定。亨利·福特完全知道他的公司的工资总额会在一夜之间几乎增加到三倍，但他还是被说服了，只有采取重大而明显的行动才能取得效果。卡鲁斯还期望，福特公司的工资水平虽然增长为原来的三倍，但其实际的人工成本却会降下来——而事态的发展不久就证明他是正确的。在此以前，福特公司职工的离职率很高，以致在 1912 年为了保持一万个工人，必须雇用六万个工人。在实行新工资政策之后，离职率趋于零。它所节约下来的金额是如此之大，以致在以后几年中，虽然所有的材料成本都急剧上升，但福特公司还是能以较低的价格制销 T 型汽车，而从每一部汽车获得更多的利润。正是由于急剧提高工资使得人工成本节省，福特公司才能在市场上占统治地位。福特公司的这一行动还改造了美国的工业社会。它使得美国工人基本上成为中产阶级。

——节选自《管理任务、责任和实践》。

看到这个例子，我们会乐观地认为也许自己所在的公司也可以通过解决社会问题、承担社会责任，并以此为契机来发展壮大，做到名利双收。不得不说，福特公司的例子确实十分有吸引力，不过它的实施是很有限制的，那就是通过改变财富的分配方式，从而提高员工对公司的支持度，最终提高公司的经济效率。

另一种可能是：可以从数学上简单地预见，如果福特公司在当时再增加一倍甚至几倍的工资，公司就会入不敷出甚至倒闭。这对员工来说只会带来更大的损失。

这种情况是员工或福特公司管理层都不愿意看到的。换句话说，公司还是以提高经济效率为核心，只是顺应了经济效率的提升，创新了原来的利润分配方式，更适合公司提升经济效率。

这种创新的理论基础是：在公司产品处在推广、竞争阶段时要吸引、留住员工就要付给员工更多报酬，不然员工就没有理由稳定地在这一家公司工作。当时福特公司所处的时代正是汽车工业高速发展的时代，而像福特公司这样一家创造了流水线的创新公司的员工流动性太大，必须给予员工比平均水平高的工资才能保持公司员工的稳定性。

我们把这种由于创新而规模扩张与员工收入提高两者同步发生的现象称为**创新扩张红利现象**。

也就是说，只有在创新扩张中的员工红利才是与经济效率的增长相一致的。如果只是做传承工作，社会财富没有增加，员工的红利就很难增加。

现代社会对于公司的社会责任的要求似乎是人们对政府社会责任的要求的翻版。在古代的中国，人们对皇帝抱有接近神圣的幻想。似乎只要有一个好皇帝就可以国泰民安、高枕无忧了。即使是生活在困苦之中，人们也幻想着皇帝是好的，只是被蒙蔽了。民众除了幻想实在无法重塑社会结构，使自己过上幸福的生活。

国外也是一样。把从希望强大的政府获取外国的资源甚至是财富来解决社会问题的不切实际中改变过来，就是从掠夺型社会向合作贸易型社会的转变。至于政府想通过大量发行货币来解决国内社会问题，在越来越多的国家被认为是行不通的。

德鲁克在《管理任务、责任和实践》中写道："在所有的国家中，还存在愈来愈多的政府规划的压力——但对愈来愈多的政府支出和税收的抵制也愈来愈大。但是，即使在日本、瑞典、德国这样一些对政府还很尊重并有很高信念的国家中，即使最热烈拥护政府采取积极态度的人也不再真正期望政府能取得什么成果。即使最热烈地拥护一个强大政府的人也不再认为一个问题一旦转入政府手中就已解决了。其结果是，上一代曾高举'政府'大旗的自由党和进步党人士，那些热衷这些问题的人，现在则日益寻求其他的领导集团、其他的机构尤其是工商业来解决那些本应由政府解决但却未能解决的问题。

"希望公司可以解决社会上的多数问题，其实是人们看到工商企业给社会带来的巨大变化。这种生活上的变化过去看上去像天方夜谭似的。

"目前在绝大多数欧洲城市中还存在着十九世纪末叶的公寓式建筑。它们很难说是'舒适的住宅'——空气不好而又阴暗，简陋的小套间，五层楼高而又没有电梯，用煤或木柴的取暖设备只有客厅中才有，七口之家只有一个狭小而肮脏的洗澡间。但它们却是为当时新兴的中产阶级建造的。几乎没有什么卫生保健，小学以上的教育是少数人的特权，报纸是一种奢侈品。在目前的大城市中，汽车虽然造成了严重的环境污染问题，但与之相比，马车毕竟更肮脏、气味更难闻、使更多的人丧生和受伤，而街道上的拥挤状况并不比汽车好。

"至于农村中的生活，即绝大多数人的生活，则只能说是更穷苦、更肮脏、更无保障、更野蛮。

"直到1900年或1914年，只有少数有钱人才关心生活的质量。对于所有其他的人来说，那只是在美妙的传奇故事中才存在的一种'幻想'。那种传奇故事成百万地销售，被青年女仆及其'太太们'贪婪地读着。而现实却是每日麻木地为着一点点食物、一项枯燥乏味的工作、凑钱交付料理后事的保险费而挣扎着。"

现在一切都改变了，只要你在一家公司上班，每月挣的工资足够你租一间大房子，让妻子儿女过上丰裕的生活。

于是，很多人幻想公司可以解决一切。公司必须承担过去圣贤承担的所有责任。

这些要求公司承担的责任包含各项内容，有道德的、文化的、卫生的。总之，无所不有。理由很简单，既然公司那么有钱，为什么不在其他方面做得更好呢？这似乎与道德家们经常说的"钱不是万能的"不相一致。在这里，我并不是讽刺道德家们，钱不是万能的，而公司被要求承担其职能以外的更多责任也必然不能实现。

那么，公司的职能是什么呢？其核心就是我们前面所说的提高经济效率。只有提高了经济效率，人们在生产中才可以投入更少的资源，获得更多的财富，而更多的财富是人们物质生活的基础。

公司在提高经济效率中，会涉及市场方面的心理知识，设计方面的自然科学知识，人事、资源和设备方面的组织知识，员工领导中的心理辅导知识，等等。希望花费更多的时间、精力来研究这些知识的应用，就需要专业性，而其他社会责任也应当由专业人员承担起来，插手其他专业人员的领域是不负责任的表现。公司管理者应该能认识到：做好本分、提高经济效率是一种很重要的社会责任。只要经济效率提高了，红利现象就会相应出现，其雇用的员工收入自然就会增加。

创新创业的组织：权衡利弊

创新创业的组织中到底是什么因素最吸引投资人？投资人如何权衡创新创业的组织的优劣？创新创业的组织怎样才能吸引人才进入组织内部？这些就是下面要分析的问题。

职能自动优化现象——马云告诉孙正义不缺钱

先讲讲我身边的一个故事。我原来所在学校一位 A 老师的跆拳道课上得很好，其他几位朋友就邀请 A 老师共同成立一家跆拳道培训机构，A 老师入干股也成为股东。后来跆拳道培训机构生意不错，A 老师与几位朋友都有不错的收益。

在这个 A 老师的例子中，我们看到 A 老师的工作并不带有创意，但一样有朋友愿意在他身上投资。所以，获得投资并不一定需要像有的管理书所说的具有那种全面的能力，只要能在一项职能上获得超常工作效果，就会有人愿意为这个项目投资。特别是其他职能工作内容都是在广泛为人们所知的情况下。

只要新计划中一项职能超越了竞争对手，就可以获得盈余，进而掌握更多的可用资源。一旦掌握了更多的可用资源，就为在更大范围内实施新计划提供了条件。

我们把这种社会上的人才自发寻找高效率职能运行方案，并以此为基础组成公司的行为称为**职能自动优化现象**。

过去流行一时的复印机租赁服务公司，由办公设备公司提供复印机设备，并负责后续的维护，包括耗材配件，企业只需按复印纸张数量付费。除了复印机，挖掘机等设备也有很多公司愿意租赁给客户。另外，像办公场地，甚至模特、演员都可以从专业公司租赁。有人甚至把这种共用资源的模式称为共享经济。

当然，如果创新创业者掌握着独到的创新计划方案，那么他将更受投资者青睐。

据创业故事网报道，1992 年，马云和朋友一起成立了杭州最早的专业翻译社"海博翻译社"，课余四处活动承接翻译业务。当时海博翻译社经营特别艰难，经常入不敷出。于是，马云就背着口袋到义乌、广州去进货，卖鲜花等，这样过了三年，海博翻译社才开始收支平衡。

海博翻译社没给马云带来多少好处，只是让他有了一次出国的机会。在美国，马云第一次从朋友那里接触了互联网。不过，那个时候的马云对电脑甚至有一种恐惧："我甚至害怕触摸电脑的按键。我当时想：谁知道这玩意儿值多少钱呢？我要是把它弄坏了就赔不起了。"

对马云有触动的是，他好奇地对朋友说在搜索引擎上输入单词"啤酒"，结果只找到了美国和德国的品牌。当时他就想应该利用互联网帮助中国的公司为世界所熟悉。

有了想法就做，回国后的马云迅速辞了职，借了 2 000 美元，于 1995 年 4 月开办了"中国黄页"。这是中国第一批网络公司之一。1997 年年底，马云和他的团队在北京创建了外经贸部官方网站、中国商品交易市场等一系列 GVM 网站。

但是，因为种种原因，马云发现在体制内的职业生涯明显不太适合他。1999 年年初，他放弃了在北京的一切，决定回到杭州创建一家能为全世界中小企业服务的电子商务网站。回到杭州后，马云和最初的创业团队开始谋划一次轰轰烈烈的创业。大家集资了 50 万元，据点就设在马云位于杭州湖畔花园的 100 多平方米的家里。阿里巴巴就在这里诞生了。

这个创业团队里除了马云之外，还有他的妻子、他当老师时的同事、他的学生以及被他吸引来的社会精英，如阿里巴巴首席财务官（CFO）蔡崇信，抛下一家投资公司中国区副总裁的头衔和 75 万美元的年薪，来领马云几百元的薪水。

后来有了一定名气的阿里巴巴很快面临资金的瓶颈：公司账上没钱了。现在担任阿里巴巴副总裁的彭蕾当时是负责管钱的。据她回忆，当时马云开始去见一些投资者，但是他并不是有钱就要，而是精挑细选。即使囊中羞涩，他还是拒绝了 38 家投资商。

就在这个时候，担任阿里巴巴 CFO 的蔡崇信的一个在高盛投资银行工作的朋友为阿里巴巴解了燃眉之急。以高盛为主的一批投资银行向阿里巴巴投资了 500 万美元。这笔"天使基金"让马云喘了口气。

更让他预料不到的是，更大的投资者注意到了他和阿里巴巴。1999 年秋，日本软银的总裁孙正义约见了马云。孙正义当时是亚洲首富，资产达 3 万亿日元。孙正义直截了当地问马云想要多少钱，而马云的回答却是他不需要钱。孙正义反问道："不缺钱，你来找我干什么？"马云的回答是："又不是我要找你，是人家叫我来见你的。"

当我们看到马云面对亚洲首富投资的态度，都为他不缺钱的气概所震慑，居然还有这么不缺钱的创新创业者。不过，联系到前面马云创建了外经贸部官方网站这个细节就可以看出，马云在当时已经被外经贸部选为外经贸部官方网站的创建组织执行者。有了这个背景，就有理由让蔡崇信放弃 75 万美元的年薪来投奔他、孙正义要主动送钱给他使用。

马云创建的外经贸部官方网站就是他成功完成的一个设计计划，这个项目是由马云提出，被外经贸部看中，于是决策出资变为现实的。

换一个角度来说，我们可以认为阿里巴巴是由孙正义发现了马云的项目，于是决策出资让阿里巴巴由一个实验的项目变成庞大可执行的计划。

因此我们可以说，一个独立项目之所以可以获得投资者的认可，是因为投资者的决策找不到很好的计划来执行，而独立项目的运行者却可以用实际计划诠释投资者的决策。所以，投资者往往是那些涉猎广泛但缺乏实施项目方案的人，而独立项目的运作者应当是那些有方案、操作项目能力强但没有机会实施的人。

由于决策要经过完善的计划才能形成有规模的大公司，因此对投资者来说一旦掌握了独到的创新计划方案，就意味着创新产品的启动，巨大的利润与机会有可能因此而产生，但创新计划方案一定要能经得起实践检验。

针对各行业各项职能自动优化现象是无所不在的，每个在市场经济中工作的人都有机会提升自己所在岗位的效率。投资者如果发现身边职能部门人员能提升足够的利润空间，就可以促成创新创业，如果能实施独到的创新计划方案，则得到的利润可能更多，但方案一定要切实可行。如何对适合自己投资的创新项目进行判定，考验投资合作者权衡利弊的能力。这也是市场经济的机会所在。

效率平衡分配理论——你是想卖一辈子糖水吗

创新创业组织的首要工作是把外部人员吸引到组织中来。过去，公平理论试图把人的感觉量化，是一种不可取的办法。

如美国管理心理学家斯塔西·亚当斯（J. Stacy Adams）的公平理论认为：公平是一种比较，被称为横向比较，即他要将自己获得的"补偿"（包括金钱、工作安排以及获得的赏识等）与自己的"投入"（包括受教育程度、所做努力、用于工作的时间、精力和其他无形损耗等）的比值与组织内其他人做比较，只有相等时，他才认为公平，如下式所示：

$$OP/IP = OC/IC$$

式中：OP——自己对所获报酬的感觉；

OC——自己对他人所获报酬的感觉；

IP——自己对个人所做投入的感觉；

IC——自己对他人所做投入的感觉。

这里分析一下亚当斯的理论，他用感觉作为标准本身就不可取，就像我们不能把冷、热作为衡量温度的标准一样。永远不会有10分冷、9分冷、8分冷这种以感觉为标示的科学公式。

只有以物的状态标示物的状态，例如，以水的沸腾与凝固来标定100度与0度，才是科学方法。

这里介绍一种本书独有的新的公平理论：**效率平衡分配理论**。

这种理论的要点在于以外部效率、内部效率两方面的效率平衡来使员工不易于产生职位改变的想法，这是从员工对自己以经济效率估算而产生心理上的平衡为出发点的。

首先是外部效率或者说市场效率。

也就是说，员工通过比较自己在人力市场中可以找到的工作以及从工作中获得的各种财富（包括工资及其他便利的服务，甚至是某些高级职务的锻炼机会）与公司可以给予的各种财富，从而得到一个外部效率的比较值。

这里有一个著名的例子：前百事可乐总裁约翰·斯卡利的市场能力闻名于世，尤其是在百事公司推广"the Pepsi Challenge"，这项计划使得公司从他的主要竞争对手可口可乐那里获得了市场份额。1983年，乔布斯为了让斯卡利加入苹果公司，说出了一句著名的话，这极具煽动性的语言至今仍令人津津乐道——"你是想卖一辈子糖水，还是想跟着我改变世界？"

斯卡利被乔布斯的言语打动了，加入了苹果公司。这就是苹果公司相对于百事可乐能够给予斯卡利更多机会，这就是典型的市场效率的吸引力。

其次是内部效率或者说公司效率。

也就是说，员工通过比较自己在公司中完成的工作获得的各种财富与其他类似工作的员工获得的财富，从而得到一个内部效率的比较值。

外部效率决定员工是否愿意在公司内继续工作，而内部效率决定员工在公司内是否会努力工作。

再说内部效率平衡：一个高收入的科研室里有两个能力相仿的发明家 A 与 B，一开始他们都拿着高薪，并且努力工作。但是如果其中一个发明家 A 慢慢变得工作自由散漫，也没有受到任何处罚，那么另一个原先勤奋的发明家 B 也会变得工作自由散漫，他会认为高薪是他在这样一个职位上工作应得的，工作自由散漫也没有关系。

这时，对于发明家 B 来说，积极工作反而会不合理，而对于公司来说，是没有把握住按相同计划工作给予相同报酬的原则。

当员工觉得自己获得的外部效率较市场上的人要高时，那么公司的员工就可以保持一种就业稳定。当员工觉得自己的内部效率相对公司中的其他员工持平或更高时，那么他就会按计划认真地完成工作。当然，内部效率要以外部效率为前提，因为如果员工在本公司工作都没兴趣了，那么就不用谈什么在内部努力工作了。

有人可能会说，如果各个公司都拿出较外部市场更高的工资，那么岂不是形成了一种恶性竞争，公司付出的工资越来越多，而工人还是在中上游工资水平的公司稳定工作。

这一点要从以下两个方面来说：

其一，工资水平如果总是处在中下游，说明公司经营的产品处在衰退阶段，本身就应当裁员。

其二，员工也不是总以工资水平来看待外部效率。前面讲到的一些便利条件，如员工已经熟悉了工作内容，可以更轻松地工作；工作地点离家很近，有利于照顾家庭等，都是外部效率的一部分。能够充分地利用好手中的优势，许多经营实用、衰退阶段产品的公司也不会在员工留用上处于绝对劣势。

公司对内部效率平衡的应用也是如此，一般情况下我们只需要员工在内部效率上感到相同的投入下有相同的回报就可以让员工按计划工作了。

我们并不需要每个员工都有激情地工作，因为激情是一种奢侈品，有人说能随时让员工爆发出激情来工作，那肯定是一种假的激情。我们需要的是员工平常按计划理性地工作，这时就应当平衡内部效率。

不过，当有人突发灵感产生自发创新之后，自然就会产生激情。这种激情的憧憬可以让斯卡利抛弃当时的大公司——百事可乐，加入当时的小公司——苹果公司。

创新创业的环境：天时地利人和

在创新创业之中，我们需要外界的支持。天时可以看成盈利的机会，这种机会既存在于经济三要素的变动之中，也存在于区域效率不平衡之中；地利可以看成所在地域对市场经济的支持程度；人和则是民众对财富集中使用的认可程度，包括人们对工会这样的组织的态度。

三要素公司联动现象——小国投资的大前景

在第二次世界大战中，经济萧条，工厂主杰克看到百业俱凋，只有军火是个热门行业，而自己却与它无缘。于是，他把目光转向未来市场。他告诉儿子，缝纫机厂需要转产改行。儿子问他："改成什么？"杰克说："改成生产残废人用的小轮椅。"儿子当时大惑不解，不过还是遵照父亲的意思办了。经过一番设备改造后，一批批小轮椅面世了。随着战争的结束，许多在战争中受伤致残的士兵和平民，纷纷购买小轮椅。杰克的工厂一时间订货者盈门，该产品不但在本国畅销，连国外也有人来购买。

杰克的儿子看到工厂生产规模不断扩大，财源滚滚，满心欢喜之余，不禁又向其父请教："战争即将结束，小轮椅如果继续大量生产，需要量可能已经不多。未来的几十年里，市场又会有什么需要呢？"老杰克成竹在胸，反问儿子："战争结束了，人们的想法是什么呢？""人们对战争已经厌恶透了，希望战后能过上安定美好的生活。"杰克进一步指点儿子："那么，美好的生活靠什么呢？要靠健康的身体。将来人们会把身体健康作为重要的追求目标。所以，我们要为生产健身器材做好准备。"于是，生产小轮椅的机械流水线，又被改造为生产健身器材。最初几年，销售情况并不太好。这时老杰克已经去世，但是他的儿子坚信父亲的超前意识，仍然继续生产健身器材。结果就在战后十多年，健身器材开始走俏，不久便成为热门货。当时杰克健身器材在美国只此一家，独领风骚。

在这个故事中，我们看到工厂主杰克之所以可以预测产业的兴衰，从而及时转行，是因为他看到了市场的发展趋势。这个趋势是经济三要素的改变引起的。

国家之间因为资源分配问题而产生的战争，必然会让很多人致残，这就是一种趋势。这种趋势是经济三要素之一的人口发生变化导致的市场需求变化。

能够看到一种需求的增加，并加入这个市场，就等于进入一种有预期契约的生产方式，而不再是盲目生产。绝大多数领军型公司不是按照契约进行生产的，而是由其企业管理者有远见地按预期市场研发新产品，进而引导市场消费需求的。

同样问题也体现在人们对资源的态度上。很早以前就有科学家预测地球的石油资源将很快用尽，于是包括美国在内的很多国家不再在本国开采石油。实际上，随着科学技术的发展，人们发现很多原来不可以使用的石油资源变得可用，于是包括美国在内的许多国家又重新开采石油。石油被称为工业的血液，由于石油开采态度的转变，对许多国家的很多行业产生了较大的影响。

经济三要素中的工具、人力和资源由于其所有者不同，并且在经济中产生的作用也不同，因此我们要特别关注其对公司运营的影响。

我们把经济三要素变动必然对公司运营产生影响的现象称为**三要素公司联动现象**。

我国于 2001 年加入 WTO，当时中国制造的成本，特别是人力、土地成本很低，很多厂家在外资的带领下，在 2001 年之后接到大量与外贸有关的订单，从而快速成长为出口导向的厂家。在这一轮经济浪潮中只要是老老实实开厂，就会有订单，从而成就了一大批企业家。这也可以看成我国公司发现海外市场趋势后的一次成功。

不只是人口需求的改变，人口数量的改变也越来越被管理学家们重视。

罗宾斯在《管理学》第八版第二章中写道："你听说过'人口决定命运'这句话吗？这句话的意思是：一个国家的人口规模和人口特征对一个国家的成就有重大影响。例如，专家们认为，到2050年以印度和中国为首的新兴经济体将在总体上超过发达国家。一些低生育率的国家，如澳大利亚、比利时、丹麦、挪威和瑞典等，将被排除在前30强经济体外。"

人口到底能不能成为决定国家富强、市场扩容的决定性原因呢？

答案当然是否定的。

历史上，有很多原来弱小的城市与民族都在人口有限的情况下实现了无与伦比的富强。如古雅典、古罗马、英国。这些国家都以自己不大的本土为核心，建立起了一个强大的文明区域。

过去，很多人只预期短期经济要素，如中国企业抓住入世机会取得成功确实是利用了人口优势，但由于种种原因，其对科学的贡献极为有限。真正大国的兴起要依靠科技文化的领先，随着科学技术进步而产生的人口、工具和资源的变化往往被罗宾斯等人忽视了。

随着人类科学技术的不断进步，人类进军太空之后，将有取之不尽的资源可以利用。

随着文明国家拥有的资源的增加，其生育率也会随之增加。如英国人当年到达美洲之后，人口迅速增长。而英国本土的生育率却变化不大。也就是说，文明的民族会根据当时的资源选择适宜的生育比例，现在一些欧美国家的生育率之所以低下，是因为这些国家的民众感觉培养后代的资源太少。但这些国家在工具与人才资源方面有着印度、巴西这些所谓资源大国无法比拟的优势。人才资源是一个国家最宝贵的资源，这一点永远不会有所改变。

如果人类在火星及其他星球站稳了脚，能够实现食品自主供给、材料资源自主供给、医疗自主供给、工具本地制造自主供给，那时将有大量欧美民众移民到外星居住，届时将不再有因资源不足引起的大量烦心事，大量人口将生育出来。原来的欧洲小国只要愿意即有可能成为世界性的富强国家。

从这里可以看出，一味地把资金投入现有的人口大国以占据市场，其实是一种传统贵族的投资方式。能够看清更文明、更科学的社会制度存在的国家，把资金投入其中，在未来建设成世界性的大公司也并非不可能。

三要素公司联动现象中，人力、资源与工具会相互关联，改变市场对各种产品需求的数量及质量。能够预测到市场需求的改变，就可以提前制订计划，组织生产，满足市场需求，赚到超过平均水平的利润。

分公司效率扩散原理——索尼广州工厂的出售

公司要想在一个地域内长期发展，就要使用本地的资源、人力甚至部分工具。这就涉及对自身如何在所在地域市场立足的理解。传统管理理论对这一问题没有清晰的认识，而对于要在许多地域发展的多国公司想要在东道国运营得长久更为迫切地需要这些知识。

《日本经济新闻》称：2016 年 11 月 7 日下午 5 点（日本时间）索尼东京总部公开的一份信息资料成为引发这场骚乱的契机。

资料的内容是索尼将以 9 500 万美元的价格将该公司位于广州的全资子公司"索尼电子华南"出售给深圳市的中国上市企业。

索尼这家子公司主要生产智能手机配备的摄像头的重要零部件，向美国苹果公司大量供应产品。该子公司在中国拥有 4 000名员工，是索尼为数不多的大型工厂。据索尼解释，此举为重组措施的一环，不得不出售该子公司。

3 天后的 11 月 10 日，在广州市郊外绿荫环绕的索尼广州工厂内，员工突然吵闹起来。

"我们没听到任何要出售（工厂）的消息。今后会继续雇我们吗？给我们补偿金！"（编者注：此处为日语翻译而成）

年轻员工高喊着这些口号离开了生产线，奔向工厂的出入口。员工不断聚集，并封锁了出入口，导致工厂陷入停工状态。

圣诞节将近，在迎来一年最大商战期的时候举行示威活动对索尼的打击不言而喻。15 日，示威队伍与警察发生激烈冲突。其间有人受伤，并有 11 人被捕。

索尼广州公司的出售让我们反思一个问题，那就是跨国公司的产生及实质。

最早的有关多国公司的事迹，在德鲁克先生的著作《管理任务、责任和实践》中有记载：

"有关多国公司的神话很多。一般人都认为多国公司是完全新的并且的确是没有先例的。其实它也是一种旧趋势的复活。十九世纪就有很多多国公司。而且对于多国公司的恐惧也不是什么新东西。最明确的反对'美国人接管'的呼声可以见之于1900年英国的书籍和杂志论文中。

"不论在美国还是在欧洲，十九世纪的重大科学技术发明几乎立即导致多国公司的出现，即在许多国家产销商品的公司。十九世纪五十年代的德国西门子公司就是这种情况。在其德国母公司成立后，英国和俄国的子公司几乎立即就跟着成立了，而且这些子公司的发展多年来几乎超过了其母公司。麦考密克收割机公司及其竞争对手英国的福勒收割脱粒机公司也是在十九世纪多国化的。胜家缝纫机公司和雷明顿打字机公司也是在获得最初的专利权以后不久就多国化了。在二十世纪初，当瑞士的化学和制药公司多国化时，这种趋势更加快了。菲亚特公司和福特汽车公司都是在建立以后不多几年就在国外建立子公司的。在本世纪二十年代时，尤尼莱佛公司和荷兰皇家壳牌公司这样的目前多国企业的原型就建立起来了。

"五十年代和六十年代兴起的多国公司的浪潮在很大程度上是第一次世界大战以前那种趋势的复活，而并不是一种完全新的发展。它代表着被第一次世界大战打断的经济活力和成长能力的复苏。即使从形式上看，目前的多国公司同第一次世界大战以前的发展也极为相似：一家母公司连同一些完全归它拥有的在其他国家中的子公司和分公司。尤尼莱佛公司和荷兰皇家壳牌公司是两家由英国和荷兰合资的公司，在两个国家中有母公司和高层管理及其总部。这种公司比起不久以前的新的多国公司来，在结构上更像真正的多国公司。"

对于之所以会产生多国公司或者说跨国公司，在《管理任务、责任和实践》中提到过去的主要观点有两种："关于多国公司的另一个神话是，它完全是或主要是美国发明的。"

"一般流行的关于多国公司产生原因的解释，较之对其性质的解释，更为不对。人们一般都认为，多国公司的产生是对贸易保护主义做出的一种反应。他们认为，由于公司无法输出产品，于是只好在国外设厂。这种解释虽然看起来似乎有理，但并不符合事实。"

德鲁克认为是共同的市场造就了多国公司。而共同的市场是由于通信技术的进步使人们有了共同的需求，地球成为一个地球村。从表面上看，这似乎有道理。他是这样描述的：

"一种大量的需求是，人们要求有些机动性——以及有些动力——即要求能获得汽车所提供的满足。这种满足，以前除了极少数非常有钱的人以外是无法实现的。另一个普遍的要求是，要有些卫生保健，使得一个小孩能有相当的机会长大成人，维持合理的健康水平并不受疾病伤残的威胁。还要求有受教育的机会；要求能接触广阔的世界，即通过新闻媒介、电影、无线电、电视机使得广大群众能了解世界。千百年来，群众的知识、视野、眼界被束缚于他们周围的山谷和小镇中。其中，每一个人都了解其他每一个人，而且每一个人都过着相同的生活。人们还要求有一些'小的奢侈'，即事实上表明个人已脱离贫困的束缚的一些东西，如口红、棒棒糖、饮料和芭蕾舞鞋。这些已成为全世界性的需求。它们不是以丰裕为依据，而是以更有力的一种东西即信息为依据的。如果说世界并不像加拿大作家马歇尔·麦克卢汉（Marchall McLuhan）所说的那样已成为一个'全球村庄'，那么它肯定已成为一个'全球购物中心'。"

德鲁克认为的共同需求产生的市场其实很早就存在，欧洲人很早就需要中国的丝绸，并很早就知道这一信息。不过，这并没有产生多国公司。有人可能说这是因为没有公司，但相似的组织总是有的，局部的自由市场也总是存在的。而且只要是人，共同的基本需求是相同的。通信技术如电视机、收音机只是科技进步的一部分，并且不是什么特殊的部分，仅仅依靠它们是无法产生跨国公司的。并且既然是"共同需求产生的市场"，那么各国公司在其他国家设立跨国公司的比例应当差不多，以便互补有无建立"共同需求产生的市场"，但现实并非如此。事实上，只有技术先进的公司才有建立跨国公司的兴趣。

那么，是什么产生了跨国公司呢？这对于其他管理学理论来说简直难以解释，但本书使用的是经济效率理论，公司的存在就是因为执行可以提高经济效率的计划，从这个角度来看，对跨国公司产生的原因就很容易理解了。

那就是同样的公司生产技术或生产计划，在相对封闭的市场之中的经济效率相差是很大的。于是，一些技术先进的公司就试图把自己的生产计划在其他国家或地区复制，从而获得高经济效率的回报。

而且跨国公司应当可以看成总公司在其他区域设立分公司的

放大版本，这个放大是指将市场由一个国家扩展到世界上的许多个国家。

换句话说，就是一家公司在本国已经进入实用阶段的技术，可能在其他国家还处在实验阶段，于是公司希望把技术带到他国，并且获得这项技术在该国推广时的轰动效益以及巨大的经济回报。

我们把这一理论称为**分公司效率扩散原理**。

在过去为什么跨国公司较少？除了古代没有自由的市场之外，近代跨国公司之所以少是因为经济效率不足以抵消当地政府的税收以及人们背井离乡开设公司所需要的开销。换句话说，当地方政府能够从跨国公司得到高额的税收、人们在异国他乡可以获得巨大的经济回报时，跨国公司就顺利地在世界各国产生了。

例如，如果外来的铁匠的加工水准与本地人差不多，本地人就很有可能在许多地方偏袒本地铁匠。但当外来的铁匠可以带领附近人学习他的高超技艺，并推动当地铁器的销售额大增时，那么外来的铁匠就会比本地那个平庸的铁匠更受重视。秘密就在于此，当世界各地独特的工艺技术可以满足其他地区的要求时，跨国公司就有了生存的巨大空间。

还要强调一点，这种跨国公司技术传播就如科技创新本身一样，是有一定时效性的。一旦当地人学会了跨国公司传播过来的技术，那么跨国公司高经济效率的回报时代就结束了。

在市场经济成熟的国家，肯定会有许多跨国公司，以便能够把其他国家对本国有益的文化与科技产品不断地引进。

如果索尼公司可以较早地认清跨国公司传播技术的本质，那么它们就应该对本土化或者撤离有一个心理准备。这说起来有点残酷，但是这并不专指跨国公司，对于技术人员的创新也是一样的。如果一位技术人员的创新在专利期内不能创造出足够的价值，那么在专利保护期外，他就必须与其他人平等地使用这项技术了。

相反，如果索尼公司把这些年在中国投资的高回报拿回日本搞出新技术，那么它仍然可以充分利用现有的工厂，在中国继续投资生产，也不至于要出售在中国的公司。因此，认清跨国公司创建项目类似于创新项目在推广、竞争阶段高经济效率的实质，对于管理好跨国公司还是很重要的。

荣誉立宪主义——突然合格的降落伞

第二次世界大战时，美国士兵使用的降落伞经常出现打不开的现象，政府部门与制造降落伞的公司反复交涉就是不能做出合格产品。后来一个将军想到一个办法，就是让生产降落伞的厂家的管理者在交货时先背降落伞跳一次伞，结果美国士兵使用的降落伞突然百分之百的合格了。

在现实社会中，公司与政府打交道的时候较多，突然合格的降落伞的故事就是处理公司与政府关系的一个很好案例。

中国的管理学书籍中没有明确政府与企业关系的理论，这可能是不好意思说或者不能说，不过在管理大师德鲁克的书中有政府与企业关系两种模式的论述。由于这是一般书籍中很难见到的内容，所以我在这里引用如下：

教科书还在把自由放任作为资本主义经济（即"市场"经

济）中企业同政府之间相互关系的典范。但是，首先，自由放任是经济理论的一种模式而不是政治理论和政府实践。除了边沁（Bentham）和年轻的穆勒（John Stuart Mill）以外，在过去两百年中，没有任何一个重要的或有影响的政治学家提到过它。其次，即使作为一种经济理论，自由放任只在英国于十九世纪中叶实行过一个较短的时期。

为企业与政府之间的关系确定了准则的只有两种差异很大的政治模式。它们可以分别称为重商主义和立宪主义。

…………

在重商主义模式中，经济被看成是国家的政治统治，特别是军事力量的基础。国家的经济和国家的统治被看成是共存的。两者基本上都是组织起来反对外部世界的。经济的主要职能在于为民族国家反对外来威胁提供生存的手段。在民族国家内部，可能有摩擦、冲突、竞争、争吵，但正如在一个被围困的堡垒中一样，所有的争吵和分歧都停留在围墙之内。

重商主义在十七世纪末叶最初形成时的原始概念是，把企业看成是金银货币的供给者，以便用以支付给士兵，而士兵则保卫国家的独立和生存。亚当·斯密推翻了这种推理方式。但是，重商主义模式仍把在国外竞争方面所取得的成就看成是政治统治的经济基础。出口是其目标和考验。

…………

立宪主义模式在十九世纪主要产生于美国。它基本上把政府看成同工商企业处于敌对地位的关系，两者之间的关系由法律来规定，而不是由人来确定，要在公正的基础上来予以处理。

立宪主义同重商主义一样地不相信自由放任。它也认为政府不能置身于经济和企业之外。立宪主义和重商主义都认为，"工商企业非常重要，不能由工商界人士去单独处理"。但重商主义所采用的方法是领导、指引和给予补助，而立宪主义却说，"你不许"，并应用反托拉斯法、管制机构和刑事起诉。重商主义鼓励工商企业，帮助它朝着有利于加强国家的政治实力和军事实力的方向发展。立宪主义者却决心使工商企业处于政府之外，认为它会招致腐化，并为工商企业的活动制定政治道德的规范。

——节选自《管理任务、责任和实践》

重商主义就是以保卫国内经济为借口，把政治之手伸到经济领域，从而实现政治家们对经济的控制。

立宪主义则是以保护国家政治权利为理由，防止出现经济领域可能对政治方面产生影响的问题。

从政治与经济的定义来说，重商主义是一种政治、经济不分的理论。但正是这种理论在一个国家的市场经济成长初期对市场经济从表面上看是有利的，已经戴上公司帽子的封建贵族们按照这种理论可以拿出钱来开办半国营性质的工厂，而不会遭到其他贵族的嘲笑，因为重商主义打着爱国主义的旗子。仅此而已。戴上公司帽子的封建贵族们会在其他地方破坏市场规则，干扰自由贸易，除了在生产上做着公司的样子，其余地方都可以打着爱国的旗号行使贵族的特权。当然，随着贵族们经商的成功，这个国家在政治上会变得更加开明。

立宪主义则与政治的本意要契合得多，政治的目标就是要合众人之力保卫民众生命。在公司的经营中，少数人会不顾环境污染、劳工健康而进行"短视经营"。法律系统对这些不合法的经营进行监督与管理当然是必要的。

政府除了在法律规定范围内的常规监督外，还应当有对突发事件的紧急处理方法。

立宪主义过去遇到的主要问题就在于需要与公司进行合作。《管理任务、责任和实践》中描述道："曾经在20世纪60年代把人送上月球的美国国家航空和航天局是一个比防务采购更为模糊不清的领域。国家航空和航天局是一个政府机构，但美国的航天事业却是许多独立而自治的组织为一项共同任务而在一起工作的合作事业。这些组织包括政府机构、大学、个人尤其是企业。其法律上的结构是一种合同关系，而实际工作却是在一种合伙关系中进行的，在许多情况下由私营企业担任领导工作，制定公共政策并确定目标和标准。国家航空和航天局的一位官员解释道：'在防务采购中，总是由政府派出检查员到承包商的工厂中去控制其工作。而在国家航空和航天局，以下情况并不是罕见的，却由作为承包商的私营企业派出一名检查员到一个政府机构中去控制政府的工作。'"

其实这种合作并不损害立宪主义对公司的监督，这就与重商主义对国外商船征税并不意味着放松对国外商船的监督一样。立宪主义实行自己的保卫民众的计划，而不是获取更高经济效率的计划。保卫民众过程中的所得，要看民众给予的奖励，这是一种贵族式的以荣誉为己任的工作方式，报酬应该只是政治家们次要的追求。

从这点上来说，政府派到承包商的检查人员也应当以荣誉为主要的工作目标。如果能真正做到这一点，那么在与承包商的合作中就不会出现腐败的问题。

我这里不是说整个政府都要靠荣誉感来支撑，而是认为政府也应当分成创新与计划两部分。计划部分应当按法律或政令严格执行，而创新部分应当由有荣誉感的人来执行。其中，与经济有关的领域对政府来说都是创新部分，而需要政府参与管理的都是与安全有关的部分。

现在航空航天局的事务之所以要与政府合作完成，是由于这个项目的危险性很高，以至于它现在可能关系到公司之外民众的生命安全。当有周密的计划可以使航天事业如汽车一样安全时，公司就可以独立全面地维护其运行，政府则应当全身而退。很多人认为这是不可能的，但据统计，飞机就比其他交通工具更安全。

日本政府在明治维新期间就成功地从市场中抽身退出，从而投入本职领域。

首先日本政府允许各类人士对政府政策进行评论。

福泽谕吉在1877年撰写的《分权论》中指责"有司专制"时说："你想要从事商业吗？如果不依靠政府，就难以获得生财的本钱。偶有要依靠政府者，但政府已独自先行一步。你想要开垦土地，想要开凿矿山吗？其结果都会如此。"

福泽谕吉具体抨击官办企业时说："对于那些过去是藩士族今天是官员的人来说，从事工商业是他们的最短处。另外，资本的自由远没有超越日本政府。那些拙于经商之人，掌握着巨额资本，指望其中没有挥霍浪费之事，是万万不可能的。"

田口卯吉是明治初期的经济学家。关于自由发展贸易问题，他的观点比福泽谕吉更为彻底："世上往往有些政府崇拜论者，他们都觉得'政府'这个词有很伟大的力量，以种种借口增加官营企业，其要义在于主张官营企业虽有垄断之弊，但其事业仍不应由民所有。"田口卯吉举例说，民办铁路比官办铁路运费便宜，邮递公司比驿传局更为便利。他指出："垄断之可怕不在民办企业，而在官办企业。"

随着经济的逐步发展，普通民众与民办企业也认识到官办企业与民争利的害处。例如，当时的缫丝业者就曾投书报纸反映政府办的劝业场财大气粗，民间缫丝业者几乎被排挤出市场。"我县官府，为促进民众真正的兴产之力，不应使劝业场过于兴盛。为向外部夸耀劝业之盛，就应奖励人民之一般兴产，以图富裕之基。不期永久之实荣，只图一时之虚荣，难成劝业之盛也。"

面对各方对官办企业的批评，1880 年 11 月 5 日，明治维新时期政府公布工厂转让概则，这标志着民进国退政策的重大变化。政府的理由是："为奖励工业而创办的各厂，规模现已具备，业务已臻发达，是以政府拟将所管各厂，渐次改归民营。"虽然政府表述称这些官办企业或半官办企业移交民办时可以获利，然而后来的大藏卿松方正义在其他场合却承认政府直接管辖下的许多事业完全无利可图，非但不能成为国库财源，还导致其亏空。

自由市场经济的确立，少了官办企业与民争利，是明治维新时期经济跨越的一个重要原因。1885 年前后，日本出现了一个创办企业的热潮。1884—1890 年，日本的各种公司由 702 家增加到 3 092 家，增长了约 3.4 倍，资本额由 1 340 万日元增加到 18 936万元，增长了约 13.1 倍。19 世纪 80 年代初，外贸业开始出现顺差，改变了明治维新以来一直逆差的状况。

政府应该坚持执行自己的计划，不以重商主义的"爱国行为"为目标，也不以立宪主义防止经济领域对政治的影响为目标。

我们把本书所说的，在普通经济领域采用法律规范，实施立宪主义，有创新但与安全无关的经济项目也应当由法律规范，在关系安全的创新问题上实施荣誉介入原则的做法称为**荣誉立宪主义**。

有了荣誉立宪主义的概念，对于作为承包商的私营企业派出一名检查员到一个政府机构中去控制少量的政府工作也就不会感到突兀了。用于规范政府的多数成型的法律就是为了满足社会安全而制订的计划，本身就应当接受社会的控制与监督。如为公司办理营业执照，本身就应当接受公司的监督，这是法律之内的事。按部就班地进行那些经过时间考验的行动不会出什么问题，麻烦往往出现在那些新项目上。

再回到突然合格的降落伞的故事，政府人员找到了一种简单高效的方法：公司负责人只要愿意为荣誉亲身尝试危险项目，政府人员就判定项目合格。

政府的目标是保卫民众的安全而不是盈利。这种保卫民众的荣誉感要求政府工作人员制定智慧的合作原则，让公司与民众都对政府工作人员的做法大加赞赏。而不是像现在一些参与卫生事业的官员一样，站在创新的对立面，为他人冒险进行新药品服用实验的危险患得患失。对官员来说，不能获得荣誉的官员做几年就应当转行，让更有能力的人来接着做，这中间没有像公司一样按经济效率评定的因素。

公司只有与真正为荣誉而工作的官员合作时，才会给公司带来民众认可下的经济效率提升。如果公司想要利用政府的力量或法律空子来设置隐形的垄断瓶颈，只能是引来自身创新的停滞，在不知不觉中被社会淘汰。

市场垄断与资源垄断——美国汽车行业的衰败

我们先看一个有关市场垄断的例子。

从内部来讲，通用汽车公司显然是可以出色地进行管理的。但是，自20世纪20年代中期以来，即自它在美国汽车行业中占领先地位并占有了美国汽车市场总额的一半或一半以上时起，它的管理当局就知道它已不能再占有更多的市场份额了；否则，就会碰到反托拉斯法的问题。这在很大程度上说明了该公司虽然充分意识到自己所冒的风险，却决定不同50年代和60年代初次出现的自外国进口的小型汽车竞争。通用汽车公司如果试图扩大其市场份额，那是没有道理的。实际上，从各种理由来看，通用汽车公司都只应该维持其占百分之六十以下的市场份额（而这已大大高于早期的通用汽车公司管理当局认为合适的水平）。由于上述考虑，通用汽车公司把汽车市场的"低档的一头"让给了外国进口汽车，而集中力量于市场的中档和高档。这当然是市场中获利较多的部分。但这也意味着美国制造的汽车即使在其本国市场上也缺乏真正的竞争力，无法保持领先地位。到了70年代初期，进口汽车成了底特律各汽车公司的一种挑战，威胁到美国的收支平衡和美国在世界经济中的地位，汽车市场有许多部分已被外国汽车（开始是德国的大众汽车，以后是日本汽车）所占领。美国汽车界试图反攻，但已极为困难了。

——节选自《管理任务、责任和实践》

　　过去经济界人士谈垄断，总是存在一个误区，那就是不分市场垄断与资源垄断的区别。

　　我们都知道，在自由社会中人的工作选择是自由的，所以没有人可以形成垄断。技术设备的专利也有保护期，过了保护期之后，其民众赋予的垄断特许也就消失了。现在剩下的似乎就是资源与市场的垄断。

　　在许多国家，自然资源是属于国有的。这种自然资源的垄断给民众带来了很多麻烦，所以多数民众厌恶这种垄断。关于资源的属性问题，我在《幸福经济学》一书中做了充分的诠释。

　　不过，令人惊愕的是，各国政府对资源的垄断视而不见，却从市场消费这种由人心决定的事情中看到了垄断的影子。我甚至在网上找不到资源垄断的任何正式定义与介绍。因此，我们把针对资源的垄断称为**资源垄断**。

　　但事实是，根据经济三要素原则，只要人力、工具、资源是可以自由交易的，那么产品就可以由任何人来生产。既然任何人都可以进行产品的生产，那么就不存在市场的垄断。因此，在人力、工具和资源可以自由进入市场的国家里，不存在市场上的垄断，哪怕这家公司的市场份额占到该国市场的100%。

　　电话、煤气之类的公司之所以会给人一种天然垄断的错觉，是因为它们与一些国家的政府相勾搭，独占了进入消费者住宅的特许权。如果政府特许煤气、电话公司进入消费者住宅的权利可以更大一些，那么就会有更多的公司进行这项业务，从而打破垄断。一栋房屋有两条煤气管道，就像一个人有两个手机号码一样正常。而且煤气管道建设是一次性收费，而煤气的使用是可以换不同公司的产品，那么就没有哪个公司可以形成垄断。

当一家跨国公司进入一个新市场时，就应当注意这个国家的反垄断法律是针对资源反垄断还是针对市场反垄断。如果是针对资源反垄断，如针对家族世袭矿山、土地征收遗产税，使得资源可以进入自由市场，就是真正的自由市场经济的一种体现；如果是针对市场反垄断，那么就说明这个国家是在为资源的垄断铺路。

垄断使该国的资源专门为少数人所有，如果有公司要创新就必须从这些垄断者手中高价购买资源，这使得创新本来应当获得的高经济效率为垄断者所占有。这样就会使创新变得无利可图，最终从根本上限制该国各行业的创新动力。

就拿通用汽车公司的例子来说，限制其更大比例地占领市场只是由于一些特权集团需要保证另一些汽车公司不被兼并。而这些中、小汽车公司由于有政府及纳税人的不断输血，才使其真正的长期占据了自然资源，实现了真正的垄断。这种资源垄断使得美国的汽车工业裹足不前，真正的创新公司得不到有效的自然资源供应，从而被日本、德国的汽车公司反超。

工会的壮大困境——工会在过去更受欢迎

工会组织的产生源于西方的工业革命，当时越来越多的农民离开赖以为生的土地拥入城市，为城市的工厂雇主打工，但工资低廉且工作环境极为恶劣。在这种环境下，单个的被雇用者无力对付强有力的雇主，从而诱发工潮的产生，导致工会组织的诞生。

随着 20 世纪后期新自由主义的兴起，各发达国家的工会势力有所衰减。在美国，1950 年大约有 33% 的工人加入工会，而 2003 年时仅剩 13%；一些高移动性的产业（如制造业）在遇到工会运动时，往往以迁厂作为要挟。

工会组织之所以会取得知识分子阶层甚至国家管理者的认可，是因为一些公司的高层本身有违法的行为，而员工可能因知识与能力有限，无力反抗与举报这些违法行为。

我国新工会法规定："中华全国总工会及其各工会组织代表职工的利益，依法维护职工的合法权益。"这就是说，我国法律把工会定义为一个工人维护自身权利的团体。这确实在理论上与工会的形成初衷不谋而合。

不得不说，我国工会的防止违法与相互救助的理论是工会立足的根本，也是工会取得社会各阶层赞同的根本。

互助与防止侵害是工人们自发形成的要求，即使没有工会之名，三五个工人也会聚集在一起，在遇到困难时相互帮助，在受到侵害时相互声援。产生抱团的原因就在于员工们在执行同一个公司下发的计划，在同一个场所一起工作。从这个角度来说，员工们形成的工会组织是不可能被彻底清除的。

在工业革命初期，员工们即使抱成团，也无法在媒体上有自己的代言人，因此不能有效地表达自己受侵害的权益，所以法律赋予了职员们游行、罢工的权利。但是现在不同了，在互联网时代下，员工可以轻易地在互联网上表达自己的意见。

如果组织职员为过去谈好的薪水罢工，那么就会让人感到与契约精神及法律相抵触。毕竟现在员工是自由的，而且员工成本很高，如果工人一再要求加薪，公司最后可能会倒闭，这种结果对工人与社会都是不利的，这就是工会的最大困境。

工会的困境就源于它本身不能创造有价值的东西，而是一种互助抵抗灾难的组织，这与政府的功能类似。如果公司的行为越来越合法，那么工会就没什么好抵制的。

公司的计划是为了高效率地产生财富，如果工会的计划是阻碍公司高效率地产生财富，那么整个社会就会把工会看成社会的反面。工会如果自身想高效率地产生财富，那么它就必然变成公司的模式。也就是说，如果工会变成了一家公司，这就与工会的宗旨不符，我们也就不称之为工会了。

我们把这一现象称为**工会的壮大困境**。

当员工的合法利益受到侵害时，由工会这样的组织站出来为员工说话，维护社会法律秩序对社会是有利的。因为工会可以把不合法的商人举报出来，从而提升了检举不法商家的效率，让合法的商家有更大的市场空间。

因此，工会针对的是员工所属公司的具体计划，而不是公司这个概念内的所有组织。在过去大公司联合垄断资源时，工会联合与之对抗也有合理性。但在反垄断法普遍实施的今天，这种合理性也逐渐消失。只有工会针对会员所属公司存在的问题而工作，它才是一个有用的附属社会机构，这样才能摆脱工会的壮大困境。

第二章

理事如火的小公司及公司项目管理

创新创业立项：火中取栗

创新创业要想在众多大公司中找到自己的一席之地，就要找准自己的项目定位，这在充分竞争的市场是十分不易的，如同火中取栗一样既要机智也要自信，不能对大公司有所畏惧。

小公司藏身的鱼刺区域——成功的房地产代理商

美国大城市周围的郊区一般都有着过多的房地产代理商。其中绝大多数都只能勉强维持。有一个地区的一个房地产代理商由于制定了一个领先地位的战略而发展了一项虽小但非常获利的业务。当在 1950 年左右开始从事这项职业时，他仔细地考察了他所在的地区并发现该地区的主要"行业"是高等教育。虽然当地的许多居民早出晚归地到附近的大城市去上班，但也有相当数量的人是住在当地的比较富裕的教师。这些教师在二十多所大专院校中教书。在美国的所有职业中，年轻的大学教师的离职率可能是最高的。这些年轻教师一般在一个地方教几年书以后就转到其他地方的学校中去教书。这个地区的二十多所院校每年要雇用五百多个新教师，离职的人数也与此相当。这位年轻的房地产代理商决定把力量集中在这个市场上并为它提供所需要的服务。他还发现，他可以用最低的成本同这个市场直接接触。因为，各个院校准备雇用的新教师和在学年结束时准备离开的教师的名单，当然在几个月以前就已经知道了。而每个院校当然很高兴有一位可靠的人来承担为新教师寻找住房这样一项困难而麻烦的任务。其结果是，这位房地产代理商所做的生意为其同等规模的事务所的三倍，而所花的费用却最小。他每年的成交量为五百到一千所房屋，仍然不算大，但他所获得的利润却几乎为一般郊区房地产代理商的四倍。

——节选自《管理任务、责任和实践》

我们过去看到这个例子时都会说这是小公司找到了自己的独特领域，从而在市场中站稳了脚跟。

不过，我们能不能从大公司的角度来看这个问题，那就是为什么大公司不能依靠规模优势，既经营其他业务，也占领这些小公司的市场领域。不解释这个问题，就不能让人们摆脱对大公司利用规模优势的恐惧，针对大公司的税收政策等也就不可能消失。

从其他方面如市场、人才、资源甚至道德的因素都不能说明大公司为什么不更上一层楼去占领那些利润丰厚的小市场领域。

只有把公司放在一种实施计划的团体这种本质层面上，才可能认知大公司对小市场领域的放弃。

公司都是以项目计划为起点开始工作的，董事会也一样。董事会本身做决策工作，但董事会本身的运行是按计划行事的。不过，董事会是一个自己为自己制订计划的机构，由其根据公司核心项目的实际情况制订公司决策部门的计划。

大公司的规模是以一个庞大的计划可以平稳地运行为基础的，如果这个大计划在一些区域表现出不适应以及经济效率不高，那么就会有中、小公司用针对性的计划在这些区域取代大公司，占领市场。

大公司是很难在针对性的市场与中、小公司竞争的，因为针对性的市场需要针对性的计划。而这将会在大公司计划中产生很多例外，使许多员工认为习以为常的传承性工作受到创新精神的挑战，这对大公司计划的平稳执行是不利的。

即使是在项目部中，与小公司相比，项目部做出很多计划时都不得不与其他部门沟通以及向管理者汇报，这样就耽误了产生新项目的宝贵时间。不要说大公司人才济济，就是从大公司人才必须向管理者汇报这一点来说，大公司就很难竞争得赢小公司。更不用说，小公司的管理者是自然竞争之后存留在本行业的人才，而大公司所谓的人才不过是管理者认为的人才。如果不依靠公司的资源，项目部仅仅从创新的速度来说，远远比不上小公司。

一旦中、小公司的创新项目面世，就等于无形中独占了市场，并把中、小公司的名称与产品本身无形联系起来，这是一种无形的广告。后来者只能作为竞争者，来竞争中、小公司的市场。这种先手地位要求大公司能调动大量资源，以规模上的优势来取胜，否则就会出现大公司被中、小公司挤出市场的现象。

从大公司的计划制订与实施来看，在本公司已有领域把核心计划制订得能适应创新，已经花费了很多精力。如果要想研究与分析其他中、小公司领域的计划，又要花费很多精力。如果这些事情由大公司负责人去做，那么他将在两个领域接受创新者挑战，从而花费双倍的精力还顾此失彼。如果大公司负责人把这项工作派给其他人去做，那么，就会出现派出之人掌握了中、小公司领域的计划，而他的上司却知之甚少。

最终派出之人可以利用上司对项目的不了解获得大量的个人利益，这不仅可能是金钱，而且可能是权威。与此相比较，中型公司反而不需要计划得那么严密，更易于在多个领域有所成就。总之，大公司派出抢夺中、小公司市场之人会成为一个特殊群体。计划整合的执行者总是执行与大公司不同的计划，永远成为大公司平稳运行中的一个变数。

如果大公司的计划不能包容中、小公司的计划，成为一个核心母计划，那么大公司这种对中、小公司市场的占领就像吃了一口鱼，但鲠了一根刺在喉咙中一样。

我们把大公司不能兼容小公司的计划区域称为**鱼刺区域**。

小公司藏在鱼刺区域就有了自己的立足点，可以厚积薄发积累资本，以壮大自身。

从这点上来说，害怕大公司会通吃一切的人，就如崇拜自由世界会出现一个通晓一切的伟大圣人一样不现实，再伟大的公司计划也有其针对性与适用性。当然，伟大的公司因为提供的计划可以解决许多复杂性、专业性的需求问题而伟大，中、小公司也可以通过自己针对性的决策及计划，解决细节领域的需求问题，从而在市场竞争中获得一席之地。

公司大、小按项目划分理论——福特汽车是小企业吗

德鲁克举出一些大、中、小企业不能单纯以规模与人数来衡量的例子。

1966 年，美国政府的小企业管理局裁定美国汽车公司是小企业，并有权以特殊的和很优惠的条件借款。当时，美国汽车公司在规模上居美国所有制造公司的第六十三位，并且是世界上最大的一百家制造公司之一。其销售额达十亿美元并有三万名职工。但是，政府的裁定并不是完全没有道理。美国汽车公司在美国的汽车工业中的确只能算是一个侏儒。其销售额不超过该行业中最大的企业通用汽车公司销售额的二十分之一。美国汽车业中规模排在美国汽车公司前面的克莱斯勒汽车公司的销售额有它七倍那样大。美国汽车公司在美国汽车市场中所占的份额不超过百分之三四，的确小到难以维持的程度了。

美国汽车公司在当时和现在当然都不能算是一个小企业。它是完全不同的另一种问题——一个规模不恰当的大企业。但这个例子却表明，企业的规模不仅是一个量的问题，而且在许多情况下，一个企业到底属于什么规模的确是极不明确的。

传统上用一个企业职工人数的多少来衡量其规模。美国商务部多年来在其工业分析中把职工人数少于某一数量的企业叫作小企业——原来为三百至五百人。职工人数的确是重要的。例如，当职工人数超过一千人，就必须有系统的人事管理工作了。职工人数超过一千人的企业要求有一些小企业通常没有的政策和程序。但是，有一些企业的职工人数虽然不多，如果不把它们算作大企业，至少也要算作中等企业。还有些企业，其基本管理要求很低，但职工人数却超过了一千人。

一家拥有三四百位专业咨询人员和十几个办事处的管理咨询公司，从职工人数来讲是一家小企业。但从其管理要求来讲，却的确是一个很大的企业。一家像普赖斯·华特豪斯这样的世界性会计公司，拥有四五千名专业职工在三十来个国家工作，或者是六十年代中发展极为迅速的多国广告公司中的一家公司，的确应该算是一个庞大企业了。但是，如果它没有超出可以管理的界限，那么即使从职工人数来看，也只能算是一家中等企业。

但是也有这样的例子。一家总部设在欧洲某一小国的多国制造公司，制造并销售重型装备和机械工业中使用的高精密设备。整个公司的职工只有在约十个国家中工作的一千八百人，没有一个办事处或工厂的职工超过四百人。从事制造工作的职工人数很少，在五个工厂中一共才有四百人，其余的都是设计工程师、服务工程师、冶金专家等。这家公司启用的人数虽少，却是相当大的一家公司，并且必须按照大公司来经营。其复杂性超过了它的规模。

——节选自《管理任务、责任和实践》

如何判定企业的大小呢？德鲁克举出了以下粗略的方法。

真正能表明企业规模的整体概念是管理和管理结构。小企业至多只要求一个人专门从事高层管理的工作而不从事其他任何职能工作。

…………

中等企业在某种意义上讲是最重要的一种企业。在中等企业中，第一把手已不再能单靠自己就真正认识和了解企业中真正重要的每个人了，而必须征询一下自己最亲密的两三个同事并以集体的名义而不是以个人的名义来回答有关这方面的问题。在中等企业中，对企业的成绩和成果有着重要意义的关键人物可能达四五十人。

…………

如果一个企业中处于顶层的少数人集团不征询其他人的意见或参考图表资料，也难了解企业中有哪些关键人物、他们在哪里、从哪里来、在做些什么、可能到哪里去，那么这个企业就是一个大企业。

——节选自《管理任务、责任和实践》

这种方法让人感到脉络不是那么清晰，也就是说它没有一个共同的标准。其实对于大、中、小企业或者说公司规模一个最基本的判断方法就是其创新项目的数量。

本书从创新的角度对大、中、小公司进行划分。其划分方法如下：

如果一个公司的所有创新项目是由总经理亲自主持管理的，那么这个公司就是一个小型公司。

如果总经理对一个公司的所有创新项目中的主持人员都很了解，并能帮助他们推动实现创新项目的目标，那么这个公司就是一个中型公司。

如果一个公司的创新项目多到总经理都了解不过来，公司的重点是推动总公司的核心计划的改进与推广，并以总公司完善的计划整合的人力、财力，支持各个子公司或项目小组的创新，那么这个公司就是一个大型公司。

这一理论被称为**公司大、小按项目划分理论**。

我们从这个分类中可以看出，按计划生产的普通业务，并不能提供多少现金，对大公司经济效率的提升也没什么帮助，可以看成一种更加接近市场资源的机构。当然，这种接近市场资源的优势可以更方便地在组织方面实施计划创新，如采用流水线生产，实际上就是在组织方面的计划创新，如果没有以庞大的组织为基础，是很难获得设计流水线的一手资料，更谈不上实施这种创新了。

回过头来说美国汽车公司的例子，它的现金拥有量不足以支撑它完成许多创新项目，那样就会让它的创新项目缺乏投入而失去竞争力。因此，它属于一个中、小公司，这与它的员工人数或销售额无关。

如果一个小型公司想要成为一个中型公司，那么它就要有足够多愿意接受其总经理领导的创新项目经理，这些人要与总经理有一些性格上的默契。如果其中一两个创新项目经理与总经理有观点上的对立，就会导致整个公司的运营不顺畅，这时减少项目成为一个小型公司或者换人就成为一种必然。

如果一个中型公司拥有别人难以代替的核心计划，那么，它就可以利用这种核心计划产生的高额经济效率，找到许多为公司投入财富，从而共同工作的伙伴。这些伙伴并不需要与总经理志同道合，只要他们愿意执行核心计划，并把执行核心计划与自身创新项目结合的收益部分上缴公司，那么这就是一个大型公司。

大型公司的子公司也可以有自己的创新项目，总公司对这些创新项目可能不知晓，当然也没有必要知晓。只要子公司向总公司上缴部分收益，它们就是一个共同体。

如果公司的核心计划没有吸引力，或者子公司不愿向总公司上缴部分收益，那么总公司就会再度成为中、小公司。

有人可能会举出相反的例子，如福特公司的老福特就用管理小公司的模式管理着庞大的福特公司，在老福特管理的后期福特公司不可谓不大。确实有人会用管理小公司的模式管理大公司，但这种管理必然伴随着举步维艰以至于日渐衰败。原因很简单，依靠一个人管理创新项目的公司就很容易被模仿与超越，一旦公司的项目计划精髓被其他公司掌握，那么其他能够同时进行多项目创新的公司就很容易在各个细分市场上实施细节上的创新，从而在各个细分市场上占据优势。而以小公司管理模式管理的大公司一旦要创新，就需要整个公司计划的全面更改，计划的全面更改意味着组织、生产和销售等领域的全面变动，这对于一个规模巨大而由一人负责创新项目的公司来说是难以接受的。因此，我们可以很明显地看到，老福特这个创造性地使用流水线的创新奇才，却不愿意更改福特汽车的颜色。可以肯定，如果老福特经营的是一家小公司，一定会毫不犹豫地更改汽车的颜色以迎合消费者的需要。

可以看出，福特公司在其规模还很小时，就能以流水线为核心，进行全方面、多角度创新，做的是大公司的工作，于是能从小公司变成大公司。当福特公司规模很大时，其创新能力锐减，这时其规模虽然很大，但创新项目少，它所做的是小公司的工作，因此它会很快入不敷出，有了破产的危险。

所以，判断一个公司的大小，主要是看其创新的能力，大公司没有创新也就没有了生机，必然会变为一个小公司。

底线公平理论——公司恐怖阴影的产生与消亡

在过去，就有很多人对掌握一定技术或资源的公司无比恐惧。大家可以看一下德鲁克对大公司的描写。

把今日美国人的祖辈吓坏了的大章鱼——洛克菲勒巨大的标准石油托拉斯，于1911年由美国最高法院命令分解为十四个部分。三十年以后，在美国进入第二次世界大战的前夕，标准石油公司的这十四个子公司中的每一个，从其雇佣人数、资本金额、销售额和其他方面来看，同最高法院分解它时的大章鱼相比，至少有四倍那样大。可是，在这十四个子公司中，只有三个可以算得上是重要的石油公司，即泽西标准石油公司、美孚石油公司和加利福尼亚标准石油公司。其他十一个子公司只能算是中小规模的，在世界经济中只起着很小的作用，甚至起不了什么作用，而且在美国经济中也只起着有限的作用。

——节选自《管理任务、责任和实践》

我们对大公司的恐惧从大公司创建之初就有了，多数人虽然说不出大公司到底做了哪些坏事，却对大公司怀有恐惧感，因为更多的人不知道大公司在做什么。

而那些从贵族身份转换过来的社会上层人士还以封建时代的心理看待公司。认为公司就是像贵族占有、出租土地一样是单一、一成不变的。这些人由于在经济上已经失势，所以许多心思放在文化上，基本掌握着过去一直占有的话语权。

事实上，没有哪家公司可以不通过创新以迎合消费者，从而长期占据市场。

大公司更利于组织大规模的既定产品的生产，只是在计划创新上相对中、小公司有优势，这种计划创新比起项目创新一般需要更长时间、更多的投入。所以，分配到一般员工的可期望红利不一定有中、小公司多。这样，大公司不一定有优势可以留住最优秀的人才。如前面举的阿里巴巴首席财务官蔡崇信的例子，抛下一家投资公司中国区副总裁的头衔和 75 万美元的年薪，来领马云几百元的薪水，还有乔布斯说服原百事可乐总裁约翰·斯卡利进入苹果公司的例子。

若高层人才能在市场上充分流动，人们对大公司的所作所为将不再陌生，那种源自对贵族巨大权力的恐惧也会渐渐消失。

过去，人们常对本地大公司的倒闭存有恐惧感，因为那样会造成本地人口的失业、地方财政税收的减少。但是，随着资本市场的充分发展，公司即使倒闭也可以由其他公司收购，失业的人口也可以进入其他公司继续就业，除非社会上不再需要这种产品，但人们因为需求产生的消费欲望只会随经济效率的提升而增多，这些消费欲望会创造出更多工作岗位。

实际上，自由市场使人们了解到公司对利润的追求是与社会上最迎合消费者需要的产品联系在一起的，而能不断创造迎合消费者需求的产品是受到社会中绝大多数人的欢迎的。

遗憾的是，在印度这样的国家，话语权只是掌握在少部分上层种族手里，因此即使大部分人可以从自由经济中的大公司获益，但是由于缺失话语权，所以绝大部分人只能受到愚弄。以沃尔玛为例，它可以为更多消费者提供优质、低价的产品，但是少数小商贩由于受到竞争的冲击就可以游行以阻止沃尔玛的进入。但更多数的消费者却不会为获得优质、低价的产品而游行以反对小商贩的自私自利。这就是消费者话语权的缺失，或者说他们已习惯于被迫放弃权利。

当然，这种习惯于被迫放弃权利的现象不只是在印度，在欧美发达国家也有很多垄断的国家福利机构，如加拿大的国家医疗机构。它们像贵族一样有着巨大的话语权，与上层人士有着千丝万缕的联系，而面对它们冠冕堂皇的收费理由与不思进取的态度，消费者总是习惯于被迫放弃权利。

这种权利的放弃与垄断话语者的恐怖威胁是分不开的，作为现实中最明显的例子是对待计算机技术的偏见。

现代人对于计算机技术的恐惧可以说是一种铺天盖地的恐怖主义在引导，描写这种恐怖的人大多数没接触过计算机技术。

中国著名的《罗辑思维》节目就说计算机的普及会造成人的极度分化，一部分人因为懒惰而欣然接受人工智能的一切服务，所以更懒；另一部分人将在人工智能的应用中成为巨富。

用过去的一些经济理论来理解，这种现象将变成现实。不过，在现实中不会实施那些经济理论，在新的《幸福经济学》的理论之中，这是完全不可能的。

按《幸福经济学》的理论，资源是平均分配的，如果一个人在社会中的财富降低到零，那么他可以回到自己的一亩三分地，重新过自给自足的农业生活。他不会因为懒惰而成为富有者的附庸。只要国家保证即使公民破产仍然保留占有一定资源的权利，那么公民就不可能变成附庸。

这种保持人力与资源的底线公平，进而保证底线人格自由的理论，我们称之为**底线公平理论**。

对于应用人工智能可以赚到大钱，从而成为一手遮天的巨富的想法，与过去很多时候有人挑起人们对大公司相同的恐惧一脉相承。

按照经济发展规律，人工智能也是可以模仿的机器，只要这种技术过了专利保护期，别人就可以学习，到时你的人工智能产品进入实用阶段，就只能获得社会平均的经济效率。所以说，在人工智能时代和其他时代一样，只要你不再创新，那么你的产品将很快被淘汰。由于人工智能时代机器的数量庞大，就给各行业的创新留下了巨大空间。所以，技术人员无须害怕找不到工作。

依靠底线公平理论的保障，随着新自由经济理论的深入人心，更多普通人成为有自发创新能力的公司员工，更多消费者会对冠冕堂皇理由的不合理收费说不。

项目计划：真金不怕火炼

项目计划要能以公司的优势为突破点，只有真正有价值的优势才会像真金一样闪闪发光，引导公司向前发展。同样，在做项目时要让真正有创新能力的人集中起来发挥所长，确实做到项目群策群力，而不是只重用高学历者。对于过去一直难以解决的卫生项目，也可以从古代传承的方法中找到真谛，用智慧的方法予以解决。

优势部门驱动方理论——福特公司 T 型车的成败

说到计划部门的驱动方式，先看一个福特公司的例子。

1908 年 10 月 1 日，T 型车正式推向市场，很快就赢得了美国消费者的热爱，取得了巨大的市场成功。这个巨大的成功是和T型车所包含的重大创新密不可分的。实际上，T型车的诞生不仅仅是一种车型或者设计的创新，而是汽车生产方式乃至大工业生产方式上具有划时代意义的创新。

最初推向市场的T型车，定价只有850美元，相当于当时一个中学教师一年的收入。这背后的生产效率差异是，同时期其他公司装配出一辆汽车需要700多个小时，福特仅仅需要12.5个小时，而且，随着流水线的不断改进，十几年后，这一速度提高到了惊人的每10秒钟就可以生产出一辆汽车。与此同时，福特汽车的市场价格不断下降，1910年每辆车的价格降为780美元，1911年每辆车的价格下降到690美元，1914年每辆车的价格则降到了360美元。最终每辆车的价格降到了260美元。

福特公司先进的生产方式为它带来了极大的市场优势。第一年，T型车的产量达到10 660辆，创下了汽车行业的纪录。到了1921年，T型车的产量已占世界汽车总产量的56.6%。T型车的最终产量超过了1 500万辆。福特公司也成了美国最大的汽车公司。

到了20世纪20年代中期，由于产量激增，美国汽车市场基本形成了买方市场，道路及交通状况也大为改善。简陋而千篇一律的T型车虽然价廉，但已经不能满足消费者的需求。面对福特汽车难以战胜的价格优势，竞争对手通用汽车公司转而在汽车的舒适化、个性化和多样化等方面大做文章，以产品的特色化来对抗廉价的福特汽车，推出了新式样和不同颜色的雪佛兰汽车。雪佛兰汽车一上市就受到消费者的欢迎，严重冲击了福特T型车的市场份额。

然而，面对市场的变化，福特仍然顽固地坚持生产中心的观念。他不相信还有比单一品种、大批量、精密分工、流水线生产更加经济、更有效率的生产方式。他甚至都不愿意生产黑色以外的其他颜色的汽车。亨利·福特宣称："无论你需要什么颜色的汽车，我福特只有黑色的。"

每当通用汽车公司推出一种新产品或者新型号时，福特总是坚持其既定方针，以降低价格来应对。但是，降价策略成功的前提是市场的无限扩张。1920年以后，市场对于T型车这样简单的代步型汽车的需求已经饱和，消费者需要的是更舒适、更漂亮、更先进的新型汽车。1926年，亨利·福特做了最后一次绝望的努力，宣布T型车大减价。但过去的效果不再有了！这一年，T型车的产量超过了订数。亨利·福特继续坚持大批量生产，结果就是巨大的库存积压。最终，亨利·福特也不得不承认失败。1927年，T型车停止了生产。

——节选自《管理任务、责任和实践》

从福特公司的例子中我们可以看出，福特公司以技术创新为驱动，带动了本身产品价格的降低、品质的提升，从而成就了庞大的市场份额。但是，后来福特公司又因为无视市场要求的行为遭到了失败。那么，计划部门是否应该以技术为导向，来完成整个公司计划呢？

在公司的管理中也会经常遇到这种困惑。既然计划部门中包含设计与市场部门，那么到底哪一个部门才是计划的源头？或者说是以市场引导设计，还是以设计引导市场？这是让很多公司头痛的问题。

其实这个问题必须用更深一步的认识论来解释。

设计是对自然知识的应用，而市场是对消费者心理需求的把握。

也就是说，这是两种截然不同的知识体系的计划部门。所以，两者并不冲突而一定要产生由一方引导另一方的问题。

可能大家会说，那不是跟没说一样。这与现实中我们的计划需要以设计或市场其中一部分为起始的常识不是有悖吗？

是的，我们认为设计与市场在理论上是并行的两种计划内容，但实际上我们以公司当前的优势部门为驱动方，作为计划的源头。

我们把这种做法称为**优势部门驱动方理论**。

也就是说，科学家们如果有新的设计，那么他们以新设计为驱动方，而市场部门的计划则只要去模仿别人的市场计划，就可以形成一个以技术为驱动的整体公司经营计划。

作为一个公司，它的兴起可能是偏向于设计或者是市场中的一个方面。一旦公司成长起来，创业的项目变成了主要的工作计划之后，仍然可以用公司强势的领域作为驱动方。

这不影响在设计与市场两方面寻找自发创新的机会，进行新的项目。至少要在竞争对手的项目成功之后，确保自己的项目跟得上。这时，如果竞争对手成功地创新了市场的项目，而自己的公司还在追求设计的项目驱动，那么很可能设计项目没有目标而遥遥无期，但竞争对手在市场项目上已经远远地把你甩在了后面。所以，这个时候应当稳定设计项目并以竞争对手的市场项目为依据，迅速推出新的市场项目，并同竞争对手一样，以市场项目为驱动，推出针对整个公司的工作计划。

从福特公司的例子中我们可以看出，当时汽车制造的技术驱动遇到了瓶颈，而依靠市场驱动的通用汽车公司正在兴起。这时，福特公司没有暂停技术驱动转向已经有成功迹象的市场驱动，所以福特公司的失败也就在情理之中了。

创新优势集中原则——大公司突击式管理模式的失效

在讨论这个问题之前，我们先看一下德鲁克举的突击式管理模式的例子。

每一个人都知道并显然在期待着，当一阵突击过去了，三个星期以后，事情又恢复老样子了。一阵突击节约的唯一结果往往是解雇一批送信人员和打字员，于是年薪四万五千美元的经理人员被迫去做周薪一百五十美元的打字工作，自己来打字——而打得又很糟糕。但是，许多管理当局却未能由此得出结论：靠突击毕竟办不成事。

靠突击来管理不仅没有效果，而且会指引向错误的方向。它把全部的注意力集中在某件事上，而不顾所有其他的事。一位靠危机来管理的老手有一次总结说："我们用四个星期来削减存货，然后我们又用四个星期来降低成本，接着又用四个星期来突击人际关系。我们刚刚花了一个月时间来突击顾客服务和礼貌；然后存货又恢复到了原来的水平。我们甚至没有打算要去做自己的本职工作。全体高层管理人员所讲、所想、所谈的都是上周的存货数字或本周的顾客意见。我们如何去做其他工作，他们甚至连知道都不想知道。"

在一个靠突击来管理的组织中，人们或者丢开其本职工作而投入当前的突击工作，或者沉默地对突击工作集体怠工，以便做自己的本职工作。在这两种情况中，他们都对"狼来了"这种呼声充耳不闻。当危机真的发生了，当一切人手都应该放下手头的一切投入解决危机时，他们却认为这又是管理当局制造的一次歇斯底里。靠突击来管理是混乱的一种明确标志，也是无能的一种自我承认。它表明管理当局没有动脑子，尤其表明公司不知道对管理者的期望，也不知道如何指引管理人员，而是把他们引向错误的方向。

——节选自《管理任务、责任和实践》

突击工作真的如德鲁克所说的那样，是管理混乱的明确标志吗？绝大多数创业过的管理者在心里都会不以为然。突击工作在创业初期是不可避免的手段，而且是一般创业者成功的必要手段。没有突击工作中不顾一切的精神，很难完成那些别人还未发现与理解的创新项目。

当然，把创业或项目中突击的做法用在按计划工作的部门，就会使按计划工作的各个部门不能适应突击带来的冲击。因为这些部门拿着按计划工作的薪水，现在被要求做着计划与创新两项工作。同时，那些没有突击的部门却还只是拿着计划的薪水，做着计划的工作。这会让很多人觉得自己的薪水与付出不相匹配。并且适应了按部就班工作的员工，一下要把计划与创新两种工作同时做好，显得更加困难。

此外，由于总体计划没有改变，组织与计划都不支持这个突击改变的部门。在其他一个部门也进入突击状态的情况下，原来的突击部门就失去了组织部门的集中支持，或者说原来突击改变的部门除了失去金钱支持外，还有管理者的关注，从而不能再同时进行计划与创新两项工作，而大多数临时起意的创新，也由于失去后续支持以及与总体计划不相融而消亡。

所以说，我们需要有一个部门有足够的资金与计划支持其创新，这个部门就是项目部门。

我们把创新项目人员、资源、工具集中起来设立独立项目部门的原则称为**创新优势集中原则**。

不只是资金与计划，从员工的角度来说，也很难满足创新与传承共同发展的团队。没有创新优势集中原则，员工们很难去支持提高经济效率的创新。

我们再看德鲁克举的另一个例子。

一家化学公司的一个主要部门的能干的管理班子却多年来未能开发出一种十分急需的新产品。他们年复一年地向公司高层管理当局报告说，那种新产品的准备工作还没有搞好。最后，领导直率地问那位部门经理，他为什么拖延这项显然对他那部门的成功至关重要的方案。他回答说："您看到了我们的工资报酬方案了吗？我本人是领取保证薪水的，但我那整个管理集团的主要收入是来自同投资利润率相联系的红利。这项新产品是本部门的未来，但在五年到八年却只有投资而没有收入。我知道，我们已经耽误了三年。但您真的期望我会从我最亲密的同事们的嘴中抢走他们的面包吗？"这个故事有一个良好的结局。对工资报酬方案做了修改——有点像杜邦公司多年来对新产品实行的方案。杜邦公司在一项新产品投入市场以前，并不把其开发费用列入一个部门或子公司的投资之中。结果，一两年之内就研制出了这种新产品并投入销售。

——节选自《管理任务、责任和实践》

管理者想在部门内部找一些人做创新工作，减少其他员工工作量的行为会被全体员工视为背叛。杜邦公司采用的是把项目以独立费用的方式列出来，使之能不受干扰，不会受原来部门同事抢走面包之类的指责。当公司有许多项目要平行进行时，很难统计与协调其中创新的内容。

而项目部门可以把各个部门中自发创新的创意集中起来，融合各个部门的创新想法，同时把具备创新必要技能的人集中起来，进行项目创新。在项目创新有一定成果后（一般是指创造出成功的样品），再把项目融入公司的总体设计之中去。

这样，既不会使原先的管理团队的利润率指标受到影响，又可以使各项目小组的工作目标十分明确，不受干扰地完成创新项目。

当然，在公司规模小的时候，项目创新还很少，不能养活足够多的项目创新人员。这时项目创新人员仍然可以组成项目小组，不过可以半脱岗地工作。一些时间做项目的工作，按项目收取红利；一些时间按计划工作，按计划获得薪水。这些都不影响项目部门的独立存在。

把各部门的项目小组集中起来，形成项目部门，可以使公司对各个项目的进展有一个全面的了解，这样把项目融入公司总体计划时，就不会相互冲突。有条不紊地进行各个项目，而不会突击式的顾头不顾尾，完整的计划创新可以使日后的执行更加顺畅。

新英雄用武之地——诺贝尔奖得主中村修二的愤怒

据《朝日新闻》报道，2014 年获诺贝尔奖的中村修二，这个在日本企业中成长起来的科学家去了美国还成了美国人。这背后有个"愤怒成就诺贝尔奖"的故事。虽然获得诺贝尔奖，但中村修二在接受采访时表示仍是"一肚子气"。

1979 年，中村加入日亚化学工业公司（以下简称"日亚"），负责制造红色发光二极管。但是这种技术已经面世多年，所以日亚的产品销路差，中村在公司里日子很不好过。他说："上司每次见到我会说'你怎么还没有辞职？'这把我气得发抖。后来我制作出了明亮的蓝色 LED，公司去申请了专利，却只给我了 2 万日元奖金，而专利跟我没任何关系，这让我气上加气。我将公司告上法庭，法院判决公司给我 200 亿日元。但公司不服裁决上诉，经过长达 4 年的拉锯战之后，法院最终裁定公司赔偿 8.4 亿日元，我也只能接受这种结局。我前往美国继续进行研究。但我离开公司后，他们还怀疑我泄露公司机密，我还被这个老东家告上法庭。愤怒是我获奖的动力，如果没有憋着一肚子气，就不会有我今天的成功。"对于加入美国国籍，中村修二表示乃是无奈之举。他表示："在美国从事 LED 方面的研究，没有美国国籍就无法获得军方的预算，同时无法从事与军方相关的研究，于是我决定加入美国国籍。"

据报道，2000 年，中村修二被华裔校长杨祖佑三顾茅庐请至加州大学圣巴巴拉分校。学校为他配备了研究团队，甚至让团

队中的研究人员到日本工作一年学习日语，为中村修二营造一种
日本文化环境。

日本的人才为何会流失呢？从上面中村的例子看，肯定有人
获得了中村研发蓝色 LED 专利的好处，而中村作为发明者受益
很少。这说明中村的薪水是按一个普通技术人员来发放的，而没
有按多劳多得的原则来支持中村持续创新。

公司是不是应当建立一种支持创新的部门，在这个部门之
中，把各个部门中有创新想法的人集中在一起，分成若干个项目
小组，以公司的资源支持这些项目小组的创新？

对于员工来说，自己创业创新一是需要太多资金；二是小公
司经不起失败，一旦员工自己创业失败就面临在职场中重新开始
的压力。所以，员工也会愿意加入这样的创新小组。

毕竟现代社会想单枪匹马做出创新产品已经很难了。德鲁克
在《管理任务、责任和实践》中写道："同十九世纪后期形成尖
锐对比的是，这一次，新工艺技术的大多数将在现有的企业中产
生，并应用于现有企业之中。在十九世纪后期，主要是发明家个
人在发明：一个西门士、一个诺贝尔、一个爱迪生、一个亚历山
大·格雷厄姆·贝尔（Alexander Graham Bell），都是一个人独自
工作，至多有一些助手。在那个时候，成功地把一项发明付之应
用很快地就形成了一个新的企业。但并不是企业产生新的发明。
而在目前，预期做出创新的将愈来愈是现存的企业，常常是大企
业——简单的原因是，创新所需要的有训练的人和资金都在现存
企业、通常是大企业中。"

利用大公司庞大的人力优势，把分散在决策、计划、组织、

领导各部门中的有创新想法的人集中在一起，让他们了解到自己
创新在决策、计划、组织、领导各部门推行可能遇到的瓶颈，从
而认识自己创新在实际运作中的可行性。如果可行，再在项目部
门中小批量试验新产品、新技术，最后由决策机构判定是否可以
在公司中大规模应用。

同时，项目部门的产生，也消除了员工们因为创新想法得不
到支持而离开公司的遗憾。设计人员一旦有了创新工作的动力与
目标，中村修二这种因英雄无用武之地离职的遗憾也不会发
生了。

项目小组与项目部门建立之后，应该有更大的财富使用的自
主权，因为它的管理应当更像是小公司在创业。有时甚至可以让
他们形成独立的经营核算体系，这样才能让项目小组的成员更加
了解工作的紧迫性。

公司决策层应当利用自己的经验，支持想做事、有能力、有
责任心的员工，并且不能害怕失败，为公司不断计划创新提供更
多项目创新的选择。

可以说项目小组就是各行业人员解决具体问题施展才华之
地，因此我们把项目部门又称为**新英雄用武之地**。

以项目形式区别开整体计划进行管理并非一时的奇想，在古
罗马，屋大维就进行过类似项目管理与计划管理并行的管理
工作。

在屋大维之前，古罗马由于不完善的共和制度，共和国保护
民众的主要力量——军队失控了。

这源于古罗马本土的军队不足以保卫广大的版图，而必须在
当地雇佣军队，而雇佣军队的将领对于自己在古罗马的地位不满

足，从而依靠自己的雇佣军队与古罗马分庭抗礼。

这时，古罗马就相当于一个大公司，其大部分生产产品已经进入有计划的规范状态，而少数边疆地区还处在相当于产品项目设计的雏形阶段，产品前景很不明朗。

屋大维就说现在国内已经很安定了，但边疆还是有战乱，所以我们军人就得去打仗。

于是，所有的行省分成两类：富庶、安定的地方归元老院，派总督去管；边疆地区，战乱频繁、刁民又多，这些地方归我，我去征战四方，给你们提供安全保障。

元老院当然同意这种方案。

这样一来，古罗马等于有了两种体制的管理方式：一种是依照传统有计划的管理方式；另一种是以紧急状态下解决问题为优先的管理方式。

依照传统型的管理方式，一切都有条不紊，总结了过去人们管理的经验与优势，为古罗马提供了稳定的经济大后方。

依照紧急状态下管理的方式，以获得军事上的胜利为前提，实现高投入、高回报的模式。一旦军队在战争中取得胜利，当然是大把的战利品进入口袋；一旦军队失利，那么付出的代价也相当惊人。军队的将领们在自己的地界内多劳多得，也不会再对古罗马城里的统治者的瞎指挥仇视了。

正是这一制度的执行，保证了屋大维时代的将领们可以用灵活的方式进行对外战争，而大多数行省并不会受到影响。

这种边疆行省的管理方式，带来政权的稳定与古罗马200年的和平。

更多的国家喜欢用“公平”的方式来统一管理国家，对所有的民众都用同样的制度来治理，这实际上忽视了一些人对风险的偏好，最后让他们对自己的发展环境与空间不满。

在公司之中，建立起一个完全按业绩获得报酬的项目部门，让乐于冒险、创新的人集中在一起，既可以减少公司中的不稳定因素，又可以让乐于冒险与创新的不同部门的人加入项目部门，相互交流，相互碰撞，产生创新的火花。

知行分离难题——头脑风暴法在传统公司中为什么行不通

很多人都听说过头脑风暴法，但不一定知道其普遍的定义。我们下面看看一般人对头脑风暴法的简单介绍。

头脑风暴法（brain storming），又称智力激励法、BS法。它是由美国创造学家 A. F. 奥斯本于 1939 年首次提出、1953 年正式发表的一种激发创造性思维的方法。它是一种通过小型会议的组织形式，让所有参加者在自由愉快、畅所欲言的气氛中，自由交换想法或点子，并以此激发与会者的创意及灵感，使各种设想在相互碰撞中激起脑海的创造性"风暴"。它适合于解决那些比较简单、确定的问题，如研究产品名称、广告口号、销售方法、产品的多样化等，以及需要大量的构思、创意的行业，如广告业。

现在还有更进一步的头脑风暴法嫁接版，就是增加结合改善的阶段。即鼓励与会者积极进行智力互补，在增加自己提出设想的同时，注意思考如何把两个或更多的设想结合成另一个更完善的设想。

这让头脑风暴法看上去确实是群策群力，集中了众人的智慧。不过，在这么多年的实践中，仅仅依靠头脑风暴法得到的方案，把公司做大做强的案例基本没有。

原因很简单，就是公司的任何改进都要以提高经济效率为目标，而提高经济效率就意味着公司原来划拨给一些人的财物要减少，甚至可能要解雇一些员工。很多员工就算拥有提高经济效率的想法，也不愿意在公司内提出。即使员工不怕得罪其他人而提出建议，一旦提出了应当由经理提出的解决方案，经理的位置也不会让给提建议的员工，因为他们没有基本的管理经验。而执行改进方案需要经理来做，但因为经理不是方案提供者，所以即使问题得到了解决，也会有人认为经理解决问题的能力不如员工。所以，经理也不愿意听取员工们的意见。

我们把这种由于执行者与建议者不统一产生的类似头脑风暴法运行的困境称为**知行分离难题**。

不可否认的是，在市政公共设施建设中实施头脑风暴法可能是有效果的，因为那些公务员本身就是民意的执行者。

在传统公司中，头脑风暴法是行不通的。不过，一旦在项目部门之中实施头脑风暴法，那么情况就不一样了。首先是因为项目部门本身就是创新者，其改进不会使项目主管受到原有方案不完善的指责。

项目部门的人数较少，如果方案不成功就意味着创新方案的整体失败，每个员工的损失会比较大，所以项目部门员工从自身利益出发容易提出改进意见。

成立项目小组的目标本身就很明确，那就是为了更有效地创新。

项目小组可以拥有头脑风暴法实施的几乎所有优势条件，而且更易于获得员工们发自内心的支持。

有了员工从内心支持并且自发提出创新方案的基础，头脑风暴法的应用才有意义。原先古老的氏族社会用的就是头脑风暴法，现在为什么大家用得少了，是因为利益的基础变了。而项目部门这种小集体的产生，就可以使这种利益共同的基础复活，才有头脑风暴法在日后公司中的真正应用，从而解决知行分离难题。

创新与传承奖励分离原则——诺贝尔奖的设奖本意已经被人篡改

在公司管理者中存在着很多这样的看法，引进大量高端人才，就可以使公司在技术领域上不断创新，从而拥有核心技术。很多管理学书籍也把高学历人才的引进与公司创新能力的培养等同起来。

事实上，这两者之间没有丝毫的联系。

高学历者只是更多科学知识的掌握者，高学历者只是在前人知识的记忆与按计划应用方面有所特长。

创新需要的是以新的观点去创造一个新的知识应用方法，从而使工作方法更科学、工作方式更高效。

知识多、学历高的人往往对已有的知识体系心怀敬意，并会充分利用手中已有的知识创造价值。

而创新需要对已有的知识体系加以重新思考，否定一些与知识体系常识不一致的结论。因此，创新需要的是初生牛犊不怕虎的闯劲，并在自己的道路上锲而不舍，从而形成一系列的解决方案。从这个角度来说，知识渊博者并不一定适合创新，而更加适合对已有知识的总结归纳。

从这一点上来看，诺贝尔奖更像是一个肯定过往知识的老年人荣誉奖，而并非一个给予创新者的奖励。

我在网上看到过这样一种观点：诺贝尔奖获得者在获奖之后，往往都不再有伟大的发明。

我心里想，一个人都获得了诺贝尔奖，为人类做出过很伟大的贡献了，而且诺贝尔奖获得者的平均年龄为 59 岁。

对于一个 59 岁的老人，我们可以肯定他有很多知识，但是创新的动力已经很小了。

我们要做的是让这些辛苦大半生的老人不断创新，辛勤工作到最后一刻，还是鼓励更多的年轻人投入科学创新之中呢？应该做哪种选择不言而喻。

因此，在我看来，设置诺贝尔奖鼓励年轻人科学创新的本意已经被人篡改。

就在最近，专家对诺贝尔物理学奖获奖者年龄统计分析后发现，他们做出代表性贡献的平均年龄是 37 岁。但是，他们获奖的平均年龄是 55 岁。这就意味着，他们要等待整整 18 年，其成果才能被认可。

不过，从一个普通人的角度来说，相信诺贝尔本人也不只是贪图一个虚名。与其把这个虚名再扩大 100 倍，不如实际捐助一位年轻有为的学者，从而为科学大厦增加一片瓦。

从另一个角度来说，只有这些年轻的科学偶像在一些方面能与体育、歌唱明星比肩，诺贝尔奖的设立才真正有意义。

有人会说诺贝尔奖颁给经过时间考验的科学创新是为了更加保险。其实即使诺贝尔奖颁布许多年后发现有误，也可以取消获得者的荣誉。

遥想当年诺贝尔反复地经历实验失败，甚至因为硝化甘油工厂爆炸，弟弟耶米尔惨死，几经重大挫折，才取得了炸药的发明。相比之下，取消误判获得者的荣誉，可能给诺贝尔奖声誉带来的这点损失与诺贝尔失去弟弟的损失相比又算得了什么呢？没有勇于进取、百折不挠的精神，就不会有今天的诺贝尔奖。

现在连科学界已经验证的创新都要经过漫长的时间，才能给予创新者以荣誉与金钱，那么这种因循守旧的反创新理念是不是与诺贝尔先生不断实验的进取精神背道而驰呢？如果只是想给知识多而不是发明重要的创新人发奖，那些没有任何发明的图书馆里的书痴是不是更应该获奖呢？

诺贝尔奖委员会都不能处理好推动知识创新的大奖颁发方式，又何况是普通公司的管理者呢？

我们把这种诺贝尔奖委员会都没有把握好的原则称为**创新与传承奖励分离原则**。

对于一个公司来说，要创新不在于请到知识渊博的高学历人才，要鼓励创新不在于奖励一个有创新的技工去担任设计部门经理，而是要把自发创新真正落在新项目运作的实处，从创新所得的好处中拿出一笔长期奖励金给技工让其继续努力。

对于一个公司来说，计划部门的经理应当具有渊博的专业知识，能对已有的技术环节所需知识了如指掌，并能把这些知识熟练地应用到工作之中去，从而指导公司计划有序地进行。

卫生创新项目名额制理论——不被医疗机构当成活体实验品

我们在本部分的开头来看歌坛巨星杰克逊的悲剧故事。

2009 年 6 月 24 日午夜时刻，杰克逊彩排告终。跟之前几个晚上一样，杰克逊在保安的护送下进入屋内，在楼梯口脱鞋。没有人被允许上楼，除了他的孩子和莫雷医生。杰克逊回家后不久，他开始抱怨疲劳，他表示需要睡眠。

根据警方的起诉书，莫雷注意到杰克逊有异丙酚（一种强力麻醉剂）上瘾的倾向，这种麻醉剂通常在一种特殊医疗设备中使用。他告诉警方他想试着戒掉杰克逊的异丙酚上瘾症，已经连续两个晚上没有给他这种药物。

6 月 25 日凌晨 1 点半左右，他又开始尝试这种做法，给了杰克逊 10 毫克的安定片。抗焦虑药并没有立即生效，约半小时后，医生放了 2 毫克的劳拉西泮在盐水中进行注射，这是另一种跟安定片有同种功效的药物。

当杰克逊依然保持清醒时，莫雷在凌晨 3 点加了 2 毫克的咪达唑仑，这是另一种镇静剂；然后莫雷在凌晨 5 点又加了 2 毫克的劳拉西泮。到了早上 7 点半，杰克逊依然醒着，莫雷告诉警方他又注入了 2 毫克咪达唑仑。不过，杰克逊依然不能入睡，烦躁地躺在他那张文艺复兴风格的花饰床头双人床的白色床单上。6 月 25 日上午，在经历了一个不眠之夜后，莫雷说杰克逊要求使用异丙酚，这种白色液体被他当"牛奶"一样使用。大约到了周四上午 10 点 40 分，莫雷说他满足了杰克逊的要求，注入了 25 毫克的药物在点滴中。

根据警方说法，莫雷跟这位平静的歌手继续待了 10 分钟之后离开去了卫生间。不到两分钟之后，莫雷回来了，但是却发现杰克逊没有了呼吸。

私营的医疗机构虽以法人的形式注册，但其本质就是一家提供卫生服务的公司。就拿医院来说，它的创新是很困难的，除了濒临死亡的人，一般人都不愿意拿自己的生命去做实验品。医药公司更加难以找到合适的试药病人，与之相应的还有警察、军队，这些工作单位决定了许多人的生死，虽然它们明显不属于公司的范畴。

卫生产品对于相应的消费者来说是优先于食物需求之外的所有需求的，我们对可以挽救生命的医疗设施的渴望，超过了对文化、便利、娱乐的需要。

人们在使用创新的卫生产品时，最大的顾虑就是有些人对卫生产品不负责任地滥用，就像担心医生是否会不在意病人的生死，拿病人做活体实验品随意开药一样。莫雷就是一位倒霉的医生，因为开具药物不当而被追究法律责任。

如何界定医生是否在治疗中有藐视生命的罪责，对法院甚至社会来说都是很困难的，而且它阻止了创新卫生项目的出现。

这是医疗卫生事业的一大难题。

于是，一些老医生一辈子都只按医书开药，反正有理有据，不求有功，但求无过。

还有一些医生一旦创新疗法失败，就破罐子破摔，拿病人的身体做各种药物实验，以满足自己的好奇心，从而给正常医生的创新项目抹黑，造成医生与病人之间互不信任。

我们可以从古人那里汲取经验，让人们减少对卫生重大问题的藐视。这就是古雅典人、古罗马人。

在古雅典人、古罗马人那里，执政官执政都有年限的限制，这种限制就是促使执政者对民众生命的尊重。

如果一个人可以有长期掌控操纵他人生死的权利，那么他就会对权利的授予者——民众视而不见。

同样，如果一个人可以长期掌控他人的生死，那么他就会对别人的生死感到麻木。

对于私立医院而言，如果可以约束项目创新者，只以创新项目负责人的名义研究最多三个创新项目，那么创新项目负责人就会对这些项目十分上心，反复研究、实验到最佳状态。因为他负责的项目只有这三个。他也会对这三个项目的成功引以为傲。

当然，卫生创新项目的负责人要经过仔细筛选，找到最优秀的人才来担任。这些人完成三个项目以后，也不必为他们的退隐感到可惜。他们可以把自己宝贵的经验传授给学习者，并相互交流。

我们把这一理论称为**卫生创新项目名额制理论**。

这种以项目名额制为基础的卫生产品设计方式，可以让病人安心，因为医生们有了创新的空间，不会随便拿人做实验。医生们的创新变得有条理，有据可查。这种卫生事业的项目约束机制对警察、军队同样有效，并且可以为公司处理危险的项目提供社会认可的途径。

卫生成就认定新贵族法则——制药业镇静安眠药的丑闻

在古代，对卫生事业的理解更多局限在武力保卫上，这些工作多由骑士、领主等贵族来完成。但如今战争不再是人类的主要威胁，医疗卫生成为人们面对的主要卫生问题。其中一些方面又产生了医疗系统自身不能解决的问题。

最明显的就是新药的检验规则。

美国制药业早在1955年就知道，现行的有关检验新药的规则和程序行不通了。这些规则和程序是在具有奇异效力的药物——以及同样强有力的副作用——出现以前制定的。但任何试图使制药业正视这一问题的制药公司都被其他公司阻止了。他们对试图进行革新的人说，"别捣乱"。据说有一家公司的确已制定出了一种全面的新方法和新的管制程序，但它终于被人说服而把这些方案束之高阁。

以后又来了一种镇静安眠药的丑闻。它实际上证明了美国控制系统的有效性。因为，当欧洲各国批准应用这种镇静安眠药时，美国的管制当局很早就认识到这种药有毒副作用，因而不予批准。因此，当德国、瑞典和英国出现了由于孕妇服用这种药物而生下畸形婴儿时，美国却没有这种畸形婴儿。但这项丑闻在美国引起了人们普遍地对药物检验和药物安全的担心。于是，由于美国制药业没有正视这个问题并深入思考和制定出恰当的解决办法，美国国会匆忙地通过了一项法案，因而严重地影响到新药的开发和投入市场——但荒谬的是，这项法案可能无法阻止另一项类似镇静安眠药丑闻的出现。

——节选自《管理任务、责任和实践》

现代社会比过去任何时代都重视人生命的平等，以至于对那些可能危及少数人生命而可以挽救很多人生命的项目大都采取拒绝的态度。理由很简单，谁愿意做这种牺牲者呢？如果下次医疗实验拿你来做试药对象，你愿意吗？

这种说法看上去十分尊重生命。其实不然，这只是传统封建家族反对新的英雄出现时的套路。

在古代，勇于抵抗外族入侵的武士被封为贵族，贵族有责任在外敌入侵时用生命保护民众，当然在平时贵族也享有超出民众的特权。每个时代都有不畏强权与生死的贵族出现，这并不需要强迫某些人去成为贵族，而是天生有人就愿意挑战生死极限，当然民众也应当给予他们相应的报酬与荣誉。这一点与新药反对者所说的要在公平抽签中找到尝试挑战生命者的说法大相径庭。

现在的问题正如我们看到的检验新药的规则和程序那样，如果我们不能让一种新药在少数人之中尝试与生产，那么我们就失去进一步优化新药最终使之无害的机会。这与军队使用武器是一样的道理，如果一个国家都没有人愿意入伍，那么就没有人可以实践武器的性能，更不用说最后发展出可以远程控制的高端武器。如果没有不断进步的武器系统，总有一天我们会发现卫生系统已经失去活力，无力保卫我们的自由生活了。

事实上，很多人是勇于面对生死的。2014年，日本有超过2.5万人用自杀结束了自己的生命，而且绝大部分是男性。我并不是说这部分人就应当免费做药品的实验品，但是可以肯定地说：白白的死是没有价值的。如果能成为一个英雄，获得大量补偿来为医药的发展做出贡献不是更有意义吗？

在尊重生命的前提下，让一些勇敢的英雄尝试新的卫生产品无疑对卫生行业是极为迫切的。

我们把在卫生制度中做出贡献的人奉为新贵族的做法称为**卫生成就认定新贵族法则**。

可以肯定的是，使用卫生成就认定新贵族法则之后，卫生事业将有巨大发展，给每个人都会带来益处。在这方面做出突出贡献的公司将在卫生领域中赢得先机，创造出挽救大量病人的高效药物，从而获得高经济效率的回报。

项目的组织：洞若观火

在项目的组织过程之中，按项目要求采购与按计划采购的花费是相差巨大的。管理者应当从各方面体现清楚项目员工与计划员工的不同，从员工培训到员工激励，等等。

创新与传承培训分离原则——西门子公司的做法无法复制

下面是西门子公司员工培训的做法。

西门子是世界上最大的电气和电子公司之一，1847年由维尔纳·冯·西门子创立，目前其总部位于德国慕尼黑。是什么造就了西门子160多年的辉煌？成功的因素是多方面的，其中最关键的是他们非常注重员工培训。

西门子公司遵循"为发展而不仅为工作进行培训"的原则，为员工提供更多的培训与发展机会，帮助他们最大限度地发挥特长，挖掘潜能。为实现这一承诺，西门子公司提供多层次培训，其中最重要的是在职培训。

西门子公司认为，员工技术的熟练程度、技术专家的多少，是保证产品质量、提高竞争能力、赚取最大利润的关键。在人才培训方面，西门子公司创造了独具特色的培训体系。西门子公司的人才培训计划从新员工培训、大学精英培训到员工再培训，涵盖了业务技能、交流能力和管理能力等内容，为公司新员工具有较高的业务能力，大量的生产、技术和管理人才储备，员工知识、技能、管理能力的不断更新和提高，打好了基础。高素质的员工，是西门子公司拥有强大竞争力的来源之一。

西门子本人虽然受过多年的正规教育，但他平时从未放弃过学习，并以此为员工做出榜样。他认为，每个人都是一个巨大的资源库，只是还没有被充分开发出来。为此，他特意编写了一门名为《做个伟大的人》的自我激励课程，作为对员工的培训教材。为方便员工在各种环境下都能学习这门课程，他还为《做个伟大的人》这门课程配制了20卷卡式录音带，内容与课本内容一样。西门子在课程的前言中这样写道："你好！你已决定改变你的一生了。你已经处在变成一个新人的过程中了。一次又一次地播放这些录音带吧。你会从中获得无限的力量。"西门子还引用了不少名人的话，并且做了大量阐述，鼓励员工培养一种积极的人生观。

除此之外，西门子还下大力气挖掘他人的推销能力。他常举例说："假如你把一条鱼送给一个人，只能养活他一天。但是，假如你教会他怎样去捕鱼，你就能够养活他一辈子。"

1922年，西门子公司拨款建立"学徒基金"，专门用于培训工人，以便尽快使他们掌握新技术和新工艺。这种做法收到了良好效果，使公司员工真正有效地接受了培训，并且实实在在地提高了业务水平。几十年来，西门子公司用这种方式先后培训出数十万名熟练工人。当然，这些工人也为公司创造了效益。与培训成本相比，其所带来的利润远远大于产品本身所带来的效益。

近年来，西门子公司还直接从厂内选拔数千名熟练工人送到科技大学和有关工程学院学习深造。不仅如此，他们还把8万余名青年工人安排在5 000多个技术学校、训练班、教育班学习。目前，西门子公司在全球拥有60多个培训场所。位于全球各地的西门子管理学院旨在提高全球员工的管理水平，为在当地的业务拓展和长期发展提供了坚实的人力保障。西门子公司提供的培训课程可以和一所中型大学相媲美。培训内容包括计算机、经济、外语、管理等专业。员工可不受限制地扩大自己的知识面，在不断学习专业知识的同时，提升自身的气质，提高自己的技能。

这些培训投入在为西门子公司带来技术的同时，也带来了高额的利润和企业的高速发展。而今，在德国同行业中，西门子公司的技术力量雄厚。车间主任以上领导人员都有工程师头衔，经理级的领导层中技术人员占40%以上，熟练工人占全体员工半数以上。高素质的员工运用高新技术生产出高品质的产品，为企业带来了高额利润。这与西门子公司注重员工培训是分不开的。

我们为西门子公司培训员工花费的巨大财力与物力与取得的惊人成就感到震惊，一些公司的决策层是不是也想学习一下呢？

不过，可以肯定的是，多数公司如果想像西门子公司一样，大规模培训员工，那么注定会陷入亏损的境地。

原因很简单，大规模培训员工需要雄厚的财力支持。而西门子公司培训员工真正成功的原因在于：德国是一个技术领先的国家，而西门子公司在德国也是一个技术领先的公司，用先进的技术来培训其他国家的员工，可以使其他国家的员工在所在国技术领先一个层次。西门子公司只有利用其员工技术领先的优势，获得大量超过平均经济效率的财富，才可以继续在技术方面大量投入，不断维持技术的一贯领先，从而形成良性循环。

当然，在西门子创业之初，主要依靠的是把决策、设计层的技术传授给员工，使员工技术在德国处于领先地位。

那么，员工到底要不要培训，如何培训？这还要从传承—创新理论来思考与解决这一问题。

人事部门通过培训，使员工可以达到决策与计划层的要求，通过培训让员工获得市场上很难有人掌握的适合本公司的专业知识，从而比其他公司节约出高薪招聘的成本，无疑为公司节省了开销，从而提高了招聘的经济效率。

不过，对于计划之内的员工培训应该是简单的，以能够完成员工计划内工作为目标即可。公司招聘员工最基本的要求就是执行计划，只要达到计划的要求就满足了契约的需要。如果没有项目与计划的区别对待，员工们擅自执行不符合计划的自发创新想法往往对公司的计划是有害的，管理当局并不希望这种情况出现。这种培训一般来说花几周的时间就足够了。不过，如果要执行某个项目时，就会发现自己公司员工的想象力是如此贫乏、变通能力是如此之弱，以至于难以满意地完成新项目。这与员工们长时间执行计划带来的惯性是分不开的。

对于面向创新的培训，时间就应该多得多。如果按本书的管理理论，经常让员工们参与到项目小组之中，员工们的应变与创新能力会得到明显的提升。不过，这还不够，我们还需要为愿意参与的员工提供必要的培训，以帮助他们了解社会上的先进技术。

初步的培训应当在员工的项目得到决策层的认可之后，由人事部门协助项目小组的员工进行一些专业知识培训。这时的培训目标就很明确，不会像西门子公司那样是全面的培训，从而可以节省大量的培训经费。

我们把创新培训与普通传承知识培训分开进行的原则称为**创新与传承培训分离原则**。

创新型项目有时还需要进一步深入培训，其目标与内容都要由项目小组制订一个简要的计划。由于这种计划针对每个岗位应该有不同的要求，所以培训应该是多样性的、有自主权的。只要项目小组内部审定之后就可以实施。

创新的正式培训应是在创新项目得到管理层的认可之后实施的，培训经费应列入项目经费之中。这时，人事部门往往与这种培训的组织没有什么关系。但是人事部门也要留意这笔经费的去向，因为这是人力经费中的一种。把培训经费用在创新好项目上，才是好钢用在刀刃上，发挥了其最大价值。

员工项目激励法——胡萝卜加大棒的刺激失效之后

管理大师德鲁克对胡萝卜加大棒的刺激是这样描述的：正是物质期望水平的日益增长使得作为一种激励力和一种管理工具的物质报酬胡萝卜的效力愈来愈小。能激励人们进行工作的物质报酬的增量必然愈来愈大。当人们所得到的已日益增多时，他们对于只增加一点点就感到不能满足了，更不用说减少了。他们期望的是更多得多。这当然是目前每一种主要经济所遇到的无情的通货膨胀压力的主要因素之一。不久以前，人们对能增加百分之五的工资已大感兴奋，而目前卡车司机、教师或医生都期望着能增加百分之二十，提出的要求却是百分之四十。

这也许是马斯洛下述规则的一种证明，即一种需要愈是接近于得到满足，则为了产生同样的满足程度所需要的追加的增量愈大。但是，对物质满足更多和更多得多的需求还伴有一种马斯洛的理论完全不能适应的价值观上的改变。经济刺激已经成为一种权利而不是一种报酬。考绩奖金在以往总是作为对特殊成绩的一种报酬。但它们没有多久却成为一种权利了。如果得不到考绩奖金或只得到少量的考绩奖金则成为一种惩罚了。日本的年终奖金也是这样。

…………

这也意味着，胡萝卜的社会副作用已达到有毒的程度。一种有效的药物总是有副作用的；而且其剂量愈大则副作用愈大。物质刺激和物质报酬的确是非常强有力的一种药物，并且其力量愈来愈大。因此，它必然有强大的副作用，而且，随着它能发挥作用所需的剂量的增长，它的副作用就更加突出和更加危险。从四十年代末期通用汽车公司有关"我的工作"的征文竞赛起，所有的研究都表明，对激励所起的阻碍作用，没有比一个人与同事相比所得报酬较少更为强大和更为有力的了。当人们的收入一旦超过仅能维持生活的水平以后，在相对收入上的不满就比在绝对收入上的不满更为有力。正如美国的法学哲学家埃德蒙·卡恩（Edmond Cahn）令人信服地表明的，"不平之感"深刻于人的心中。没有什么事比在一个组织中相对经济报酬的不满更能引起不平之感了。因此，相对经济报酬就是以一个人或一个集团的价值为依据的有关权力和地位的决定。

因此，依赖于经济报酬的胡萝卜的组织有脱离经济报酬的接受者以及所有其他人的危险，有把团体分裂使之互相反对而又联合起来反对这个系统即雇用职工的机构及其管理当局的危险。

——节选自《管理任务、责任和实践》

我们回味一下德鲁克在文中的核心内容："马斯洛下述规则的一种证明，即一种需要愈是接近于得到满足，则为了产生同样的满足程度所需要的追加的增量愈大。"同时又说："不久以前，人们对能增加百分之五的工资已大感兴奋，而目前卡车司机、教师或医生都期望着能增加百分之二十，提出的要求却是百分之四十。"

但什么时刻才是需要接近于满足呢？卡车司机、教师或医生的收入会相同吗？如果卡车司机的年薪达到6万美元，那么医生的年薪达到20万美元也有可能。按马斯洛的说法，医生收入更高，需要愈是接近于得到满足，为了产生同样的满足程度所需要追加的增量愈大，医生应当比卡车司机要求收入的增幅更大。为什么卡车司机与医生都会期望要求加薪20%，而提出的要求却是40%呢？其实这是一种期望自己做出与众不同事业的另一种说法，只有收入比同行高20%才能体现自己的价值。从本书的角度来说，也就是收入比同行高出20%是做过成功项目的表现。而在过去由于信息闭塞、交通不便，一项新技术通常在很长时间里只能在很小的市场创造利润，人们能增加5%的工资已经是成功完成项目的表现。

考绩奖金或日本的年终奖金原先都是用来鼓励做项目成功的员工，但管理层在项目成功后把它作为一种日常奖励发放给了按计划工作的员工，所以员工觉得这只是按计划获得收入，并没有什么成就感。

员工对工资感到不满，其实并不是对公司给予的收入不满。如果他是对公司给予的收入不满，那么该员工就会离开公司。

相反，如果员工既不离开公司，又不愿意工作，那就是对公司的分配制度不满。

在前面讨论内部效率、外部效率理论中已经提到过这个问题，这里再举个例子，做更详细的说明。假设在同一经理手下执行同样的任务，A员工的薪水为5 000元、B员工的薪水为3 000元。如果B员工觉得这份工作的工资太少了，那么他就会离开公司；如果B员工认为经理偏袒A员工，那么他就可能会在工作中抱怨工资太低，马虎地对待工作。

所以说，大多数情况下员工抱怨工资低并不是因为工资真的很低，也不是因为员工太贪心，而是我们发放的薪水不公正。

员工们口头上虽然不能清晰表达，但心里很明白，公司的利润是所有员工执行统一的计划才获得的，作为执行相同计划的两位员工，其收益应当相同才对。

这一点与社会上的平均工资水平没有任何关系，只要在公司的收益中没有得到应得的部分，那么员工就会在工作中怠工，这样才会让他感到他的付出与获得的收入是成正比的。如果员工执行相同工作计划而经济效率不同，那个收益低的员工就会被人看成经济效率低的失败者。他只有怠工直到与其他人的经济效率一样，才会摆脱失败者的阴影。

在现实之中，由于工作技巧越来越标准化，老一代技术员工的技术越来越显得不重要，很多年轻技术员工对于论资排辈的工资制度越来越不满意。做同样的工作，年轻员工要求的工资越来越高，以至于要与老一代技术员工一致。

实际上，尊老并不一定要体现在论资排辈上，增加养老金一样可以留住老员工。此外，老员工如果参加过公司创新项目的研发，在参与的项目成功之后，若每年都能拿到一定数目的项目分红或一次性项目大额奖金，都可以让老员工真正热爱并留在岗位上，其他时候为什么不让他们与年轻的熟练技术员工公平地按计划分配收入呢？

绝大多数人对于不劳而获感到不耻，不过有人为了私利给它打上敬老的名义，就让人觉得好像无话可说。没有人在自己有创新能力时喜欢论资排辈，只是看公司有没有给过想创新的员工以机会。

除了尊老的名义以外，想给亲朋好友，或者寡妇、新婚员工等特殊员工以好处的公司管理层，最好的方式就是公平地安排他们进入项目部门，让他们自己参与创造出有价值的项目。只有这样，才能让他们的收入持久、合理且经得住考验。

人事部门应当根据设计的人力安排，分配出许多项目机会给员工尝试，代替过去只依靠胡萝卜加大棒的刺激方式。我们把这种方法称为**员工项目激励法**。

胡萝卜加大棒的简单刺激在现实中已经失效，但是项目创新中让人心动的尝试、项目成功后带来的名誉与金钱足以激励有进取心的员工不懈地努力工作，而项目成功推进计划的创新也能让按部就班的员工得到收入的满足。

把二次决策转化为阶梯创新——打破各职能部门之间的壁垒

公司中相同的职能行使者，如将设计者集中在一起组成一个职能部门，既可以减少组织供给成本，也可以使设计按各类部件的特点，统一分配任务同步进行成为可能，从而缩短设计时间。

管理大师德鲁克谈到职能制管理的优缺点时说：

职能制原则的优点和缺点从经济性规范方面来说有其特点。在最理想的情况下，职能制组织能高度经济地进行工作。在高层只要很少的人即可使组织运转，即从事于"组织""信息交流""协调""调解"等。其他的人可以做他们自己的工作。但是，它常常处于一种不好的情况，是极不经济的。只要它一达到中等规模或复杂程度，就会产生"摩擦"。它很快就要求各种复杂、费钱、笨拙的管理手段——协调者、委员会，会议、麻烦处理者、特派员——这些将浪费每一个人的时间且并不解决很多问题。而

　　且，这种退化的倾向不仅在各个不同的"职能部门"之间流行。各个职能部门及其内部的各个所属单位之间也同样地迅速趋于效率低下并要求花费日益增多的努力来维持其内部运转。

　　这种情况的另一种说法是，当职能制设计能适应变化时，职工在心理上的需求很小。职工在工作及相互关系方面都感到安全。但是，只要职能制设计应用于稍微大一点的规模或稍为复杂一点的程度，它就会造成情感上的敌对状态。职工就会感到自己及自己的职能部门被轻视、被包围、被攻击。他们将认为自己的首要职责是捍卫他们那个职能部门，使自己的职能部门免于受到其他职能部门的侵犯，使它"不至于受到排挤"。常常会听到有人抱怨，"没有人认识到公司之所以能维持下去是靠我们这些工程师"（或"我们这些销售员""我们这些会计师"）。于是，击败内部的"可恶敌人"是比使企业兴盛更令人高兴的胜利。正由于职能制设计很少要求职能部门的职工为整体的成就和成功承担什么责任，所以，一个运用不佳——或过度扩张——的职能制结构易于使职工感到不安全和眼界狭小。

　　——节选自《管理任务、责任和实践》

　　这些缺点在过去会产生，其主要原因在于：各职能部门工作流程的传递关系没有理顺。员工们不知道决策、计划、组织、领导、控制这种体系是一种决策放大、执行的过程，每个职能部门都在做着决策——执行体系的一段工作。

　　相反，在过去传统组织结构中，一方面工程师、销售人员、会计师们都会直接接到高层管理者的命令，并在自己的小圈子里执行后反馈给高层管理者，而不是交给下一流程的员工，这使得他们需要向高层管理者表达自己接受的任务是公司最重要的。员工们只能用深奥的术语把自己职能部门的知识搞成公司其他人看不懂的"专业化"，否则就得不到重视，从而忽略了提出简单有效的真正创新方案。另一方面，工程师、销售人员、会计师们中有创新能力的人会把自己的创新只在部门的小圈子里展示，而不是在项目小组中交流。于是，出于小集体的荣誉感，部门人员会夜郎自大地把自己部门的创意看成是最有价值的。

这就会形成一种职能部门之间的壁垒。于是，各部门的经理会根据自己的需要要求更多的部门经费，以把自己的部门做得更大。

这就产生了**二次决策**。

二次决策的定义是：部门内部领导未经授权的情况下根据部门内部情况做出的决策。

这种决策往往是本部门有能力完成统一计划的任务之后，由部门领导或更小组织的领导者依照自身情况做出的便于完成一些项目的决策。

二次决策包括决策、计划、组织、领导、控制这些职能的功能。正因为这些部门自己的职能部门小而全，所以二次决策者及执行者会感到自己是一个小团体。

在中国，部门领导甚至可以要求员工做合同以外的工作，这从一般公司合同中含有"员工应当完成领导布置的其他工作"这一条可以看出，这当然大大增加了领导者的权力。据说美国的公司合同中不会有这样一条。可以看出，中国公司对员工工作内容并不清楚，其计划也相当模糊，所以给了部门领导更大的自主空间与决策权。

由于二次决策是由部门领导在知道上级计划时发起的，其决策的内容往往是使部门或个人获得比计划更丰厚的利润或相应更多的休息时间。尽管在很多时候这些决策似乎可以使部门以更小的投入创造更多的工作成果，但由于二次决策一开始就不能融入公司总体计划之中，因此二次决策的成果也不会上缴公司。

这也会导致部门领导对公司整体计划的怀疑与轻视，从而使部门领导对公司的更多政策管中窥豹一样不能理解，进而消极执行。

同样，即使一个部门以更小的投入创造更多的工作成果，那些空闲的员工也不会感激公司给他们的轻松工作，因为这是他们自己争取的，相反会导致全公司对公司不完善计划的轻视与不公平心态的产生。

所以，二次决策是在没有决策层授权的情况下，部门领导利用手中的权力进行的与公司决策—执行体系不一致的决策。短期内虽然可能会对部门有利，但长期来说是不利于公司决策执行以及公司长远发展的。

公司应当在决策层吸收各部门的自发创新，经过审核认为对整体计划有益后，以项目小组的方式先在小范围内试行项目创新，在项目创新有眉目后，再审核看能不能进行计划创新。

各职能部门中的人员在项目小组中接触到其他部门的人员后，就会对其他部门人员的工作有一个更深入的了解。这样，可以大大减少各职能部门员工之间的敌视，从而打破各职能部门之间的壁垒。

项目的执行：春风野火

项目执行的目标是使之可以投入实际应用，提高经济效率。项目进入规范后计划外的支出要坚决停止，项目完成后项目组成人员如果在新项目中没有位置也应当让他们回到计划部门，让他们按计划获取报酬。

狂风法则——项目阶段规范化法则

在自然界中每年都会来一次秋日的狂风，把树上没有生命力的树叶清理掉，以待明年生出新的树叶，正是树叶这种小而独立的部分，推动大树新的枝干成长出来。

只有对成果之外多余部分进行阶段性的处理，才能让更多新项目有足够的养分。对应于项目部门来说，就是已经有了确实的成果之后对已有工作方式进行一次全面调整。

很多高管喜欢在项目进程中不断大规模地调整工作目标，从而让项目结果更完美，其实这是不明智的，会让员工觉得高管们朝令夕改。这就像自然界中新长的叶子，一旦在一个位置长出嫩芽来，就不会在相邻的位置再长出嫩芽。

要是项目跟不上潮流，明智的做法是，要么给项目换一些员工甚至主管，而其他人按原来的项目计划一往无前地迈进，要么完全停止该项目的运行。

不过，一个项目既然能创立，就是在众多自发创新中选出的优秀者，其可行性已经探讨过，至少应看到项目结果再在结果之上改进。而不是经常改变工作目标，届时谁也无法看清是项目哪里出现了问题，谁应当对项目的失败负责。

由于项目创新没有完善的计划，无法明确了解项目部门需要的财物量，因此公司往往会预留多余的财物给项目部的人员，给人的感觉就是公司源源不断地把钱投入非理性的项目之中。

在公司外部，项目部门设计的新产品也是以替代的旧产品的功能来定价的，有的甚至是让人震惊的高价位。所以，项目部门的员工拥有高收益也就理所当然了。

不过，一旦项目正式完成，一切都走上了正轨，公司就要对项目部门的支出有理性的认识，而研究人员也由创造性工作变成了整理性工作，这时项目组的员工被重新分回各个部门，以指导新项目有计划的大规模生产。

这种项目部门的金钱扩张与收缩的现象和经济周期中繁荣与衰退的现象有着本质的相似与联系。

人们越是乐观地预期未来与花费金钱，以筹建宏大的项目，就越是愿意把手中储蓄花光以完成项目，于是就显得民众富有、社会繁荣。

当真正理性地利用宏大项目建成有计划的高经济效率的工程时，人们就会发现手中的钱不够了，这与经济衰退时的感觉差不多。

到了这个时刻就要像狂风一样不留情面地扫清计划外的开支，达到计划内的高经济效率的要求。我们把这种做法称为**狂风法则**。

即使产品的设计需要不断完善，公司也可以利用产品不断升级，不断地把模仿者丢在后面。

只有坚决果断地让有成果的项目进入规范化，才能让公司这棵大树具有抵御风雨的能力，才可以有足够的资金做未来有价值的项目。

助理职务陷阱现象——从管理角度看"杯酒释兵权"

我们先看看历史上著名的"杯酒释兵权"的故事。

建隆二年七月初九日晚朝时，宋太祖赵匡胤把石守信、高怀德等禁军高级将领留下来喝酒，当酒兴正浓的时候，宋太祖突然屏退侍从叹了一口气，给他们讲了一番自己的苦衷，说："我若不是靠你们出力，是到不了这个地位的，为此我从内心念及你们的功德。但做皇帝也太艰难了，还不如做节度使快乐，我整晚都不敢安枕而卧啊！"

石守信等人惊骇地忙问其故，宋太祖继续说："这不难知道，我这个皇位谁不想要呢？"石守信等人听了知道这是话中有话，连忙叩头说："陛下何出此言，现在天命已定，谁还敢有异心呢？"宋太祖说："不然，你们虽然无异心，然而你们部下想要富贵，一旦把黄袍加在你的身上，你即使不想当皇帝，到时也身不由己了。"

一席话，软中带硬，使这些将领知道已经受到猜疑，弄不好还会引来杀身之祸，一时都惊恐地哭了起来，恳请宋太祖给他们指明一条"可生之途"。宋太祖缓缓地说道："人生在世，像白驹过隙那样短促，所以要得到富贵的人，不过是想多聚金钱，多多娱乐，使子孙后代免于贫乏而已。你们不如释去兵权，到地方去，多置良田美宅，为子孙立永远不可动的产业。同时多买些歌儿舞女，日夜饮酒相欢，以终天年，朕同你们再结为婚姻，君臣之间，两无猜疑，上下相安，这样不是很好吗!"石守信等人见宋太祖已把话讲得很明白，再无回旋余地，当时宋太祖已牢牢控制着中央禁军，几个将领别无他法，只得俯首听命，表示感谢太祖恩德。

第二天，石守信、高怀德、王审琦、张令铎、赵彦徽等上表声称自己有病，纷纷要求解除兵权，宋太祖欣然同意，让他们罢去禁军职务，到地方任节度使，并废除了殿前都点检和侍卫亲军马步军都指挥司。禁军分别由殿前都指挥司、侍卫马军都指挥司和侍卫步军都指挥司，即所谓三衙统领。在解除石守信等宿将的兵权后，太祖另选一些资历浅、个人威望不高、容易控制的人担任禁军将领。

禁军领兵权一分为三，以名位较低的将领掌握三衙，这就意味着皇权对军队控制的加强。以后宋太祖还兑现了与禁军高级将领联姻的诺言，把守寡的妹妹嫁给高怀德，后来又把女儿嫁给石守信和王审琦的儿子。张令铎的女儿则嫁给太祖三弟赵光美。

从这个故事我们可以看到宋太祖的执政智慧，那就是对于有功劳、有能力做一番事业的人在事业成功后把他们养起来，而不再让他们参与政治管理。原因很简单，在国家初创时期，我们需要有创新能力的人，解决建国遇到的种种困难。但在国家已经建成之后，在军事上就不怎么需要这些人才了，最好的办法就是削去他们的军权。

公司设置助理职务，往往是能力较强的经理为了实施庞大的项目临时请来的助手。

项目完成之后，一切都走上了正轨，助手们就失去了存在的意义。

在公司的职务设计中，助理是经理们的助手。问题在于经理们都对设计、销售之类的职能负责。换句话说，我们有设计、销售相关的问题时去找经理，经理们必须负责解决，因为这是他们的职责。

助理们则不然，他们可以办事，也可以不办。如果想办某件事，助理们可以说是经理们要求的，或者是与部门工作有关；而不想办某件事时，助理们可以说经理没有授权。从而就会在部门中出现以下情况：容易出成绩的工作，助理们会插上一手，甚至瞎指挥；而难以完成的工作，助理们则不愿去完成。

我们把助理们完成项目之后不自觉进入的职能丧失情况称为**助理职务陷阱现象**。

部门的员工，对于时刻可以与经理沟通的助理们只有奉承与避让，不然就有可能遭到助理们的报复。

甚至可以说，不论员工们是否对公司有巨大贡献，只要是抢了助理们风头的员工，助理们就可能怀恨与报复。其根本原因就是助理们不必对部门的经营负责。从本质上来说，是助理没有其需要明确负责的职能却被赋予了参与部门管理的职位。

面对助理们的无所事事，很多人都说他们要么成为经理们的幕后操纵者，要么成为马屁精。

在项目完成之前助理们做的都是正面的工作，但在这之后，助理们就无所事事了，面对公司人事部门工作量的考核，助理们只得去开发一些自己认为必要的已有岗位工作内容的改进项目。

不过，助理们是没有职权去私自改动已有工作岗位的状态，特别在一个大的公司，这与公司的整体决策—执行体系是冲突的。很多时候，一个部门的助理不会明白牵一发而动全身的道理，而以项目的运作手法对决策—执行体系进行改变更是大错特错。这也是即使对工作负责的助理们也不能在这个时期取得任何成绩的原因。

因此，助理职务陷阱现象的最好解决方案就是改为项目组长。如果项目与某个部门联系紧密，甚至需要部门经理解决，就可以挂靠在某个部门下面，但要接受项目部门的领导，如销售部门在项目部的项目组长。这样既达到了帮助部门经理在计划创新时完成经理助手的职能，又能使项目组长明确地完成工作任务。

项目组长在以后接到其他项目时就可以参照在部门经理手下工作的经验，对项目与计划的融合有更多的理解，对其成长也大有好处。

项目一旦成功，项目小组成员就可以进入计划创新的工作环境内帮助计划部门进行项目与计划的结合。如果项目与计划结合成功之后还没有新项目可做，应当根据项目小组成员的意愿给他们一个有实际职责的工作岗位去寻找创新灵感，或者让他们去一些舒适的工作岗位以便总结创新工作的得失，为下次创新做准备。

第三章 管人似水的成熟公司系统

公司决策：润物细无声

公司的决策层应该是对公司投入财富的负责人，只有他们才会有恒心不断发展壮大公司。尽管过去有很多员工看不到这种努力，但董事会确实这样做了。其他无论是从 MIS 到 ERP 系统，还是承包制与职业经理人制度，都无法解决责任心的问题。

经济民主劣势现象——董事会大权旁落？

董事会被其他公共权利排挤不是一二十年的事情了。

董事会未能发挥作用最初是在魏玛共和国时期的德国表现出来的。德国也是第一个将外部控制力量强加给大型企业中的董事会的国家。其形式就是"共同决定"，即从法律上要求工人代表加入董事会，最初是在煤炭和钢铁工业中，以后推广到所有的大企业。当然，参加德国大公司的董事会的并没有什么工人代表，而是工会官员。但这并不会改变下述事实，即目前德国大公司的董事会已成为对立各方的一个战场。

另一种虽有不同但方向一致的发展趋势正在瑞典出现，即由政府指定一些人参加大银行的董事会。迄今为止，指定的人一般都是有品德而为人正直的人。但是，由政府指定人员参加各个公司的董事会的事例开了头，这种指定就不能长期地不介入政治因素了。而一旦发生这种情况，董事会就再也不能作为一个自制机构、一个高级管理阶层的知心人、顾问和指导者而有效地进行工作，而将成为一个控制者、一个敌对者。

——节选自《管理任务、责任和实践》

董事会失去权力，看上去是民主社会的进步，实际上却并非如此。

公司的作用在于提高人们的工作效率，所以不断地在各个岗位创新就成为公司存在的重要原因。而民主制度在经济上只能提出让多数人接受的传承性方案，毕竟能提出有效创新的灵感之人是少之又少的。

公司的计划创新需要计算投入与产出，即经济效率。只有最优的经济效率方案才是公司应当选择的。这种对全局计划的掌握必须由专业人员来实现，而对资产股份有所有权的董事会掌握计划的核心——决策是最好的。否则，一次投入计划的资金过多，而产出的收益不足，就会使存量的财富减少。

如果要公司强行完成福利事业的工作，或在公司中强制完成有悖于公司提高经济效率本质的任务，虽然短期内可以支持其他事业的发展，但会使公司失去前进方向，最终走向衰败。最后其他事业仍然会失去公司的支持，而社会本身可能会失去已经发展起来的可以创造财富和促进创新的公司，至少会失去创新机制，从而在整个世界市场中失去竞争力。

从社会的发展来看，民主就不能在经济领域实施，其本质是在知识上不能民主，我们公司内每个人拥有的知识不同，我们只能实施最优者的计划，从而让整个公司创造出最多的财富。

如果我们不采取这种形式，那么一旦有奴隶主有较一般人为优的生产计划，那么他奴役一群人产生的财富，将多于同样数量的由自由人群产生的财富。其理由是：此时的自由人无法共同执行一个最优的工作计划。这时，自由人将在财富上处于劣势。

我们把这一现象称为**经济民主劣势现象**。

其实民主只是公民们使自己生活得更好的一种工具，从这点上来说民主制度与市场的性质是一样的。

既然民主制度只是一种工具，那么民主就有科学性，就有使用的限制，这个限制就是只能在民众授权的公共卫生领域活动。

而卫生领域就是民主制度的笼子。

如果试图把民主制度的权力伸到经济、文化领域，必然导致权力的无限扩大，短时间的杀富济贫可以使多数人得到暂时的满足，从而使权力无限化的人成为英雄，进而巩固独裁政权。但从长期来说，如果社会缺少了自由向上的动力，那么最后只能把仇恨引向国外。

在自由主义者较少的国家，要形成有效的民主制度，就要以自由为信仰的群体形成小的团体，以捍卫自由。

实际上，英国制定《大宪章》的是少数贵族，美国《独立宣言》和美国宪法一开始也只把投票权给男性白人。这说明民主是需要有一群自由主义者来捍卫的。

如何保证把民主关入笼子，古罗马做得就比古雅典要好。古罗马有元老院，元老院由下台后的能力出众的执政官组成。以执政官们的出众能力，当然希望有一个自由的空间发挥他们的能力，由此自由精英的组织体就产生了。依靠这一自由主义者团体，古罗马领先世界千年。

现在世界上高科技武器层出不穷，人类看似前所未有的舒适，实际上危机重重，通过欺骗民众而走上独裁的统治者比比皆是，而幼稚的传统自由理论却不能阻止他们。

同样，道德也不能成为插手公司决策的理由。

道德是处理人际关系的准则，它有很多使人变得高尚的标准，如勇敢、无私、勤奋等。

科学是理解自然的规律，以运用自然力为人类服务的。原始的几何学可以使人认识土地的面积，从而加强对自然资源的管理，力学可以让人们对基本的力的原理进行认识，电磁学可以使人们利用电磁现象与电磁力。

按照柏拉图的理念，自然界与人的思维是一个现实与幻影之间的关系。这是二元哲学的开始。

按《幸福经济学》的理论，人类吃食物会产生两种效果，即生存的精神感觉与人体的力量。精神感觉就是个人的大脑活动，而人体的力量的运用就是身体动力系统。人的体力系统与脑力系统本身就是两套系统。

柏拉图的自然界和人的思维还有《幸福经济学》中的体力系统和脑力系统实际上是一回事，都是要求把自然力量与思维力量分开对待。

一个道德高尚的人可能不懂科学，科学家也不一定是道德高尚者。

如果一种理论自称既站在道德制高点上，又是一门科学理论，那么它一定是一门骗子学说。当然，这不妨碍有人同时研究两种学科，但他一定是把它们分开了的，如亚里士多德的《伦理学》与《物理学》。

同样，我们说不论是道德家还是科学家，都是对社会有利的人。如孔子这种道德家，本身并没有什么错。但是，后来有掠夺者为了反科学，只讲道德，不讲科学，就把社会推向了一种单极发展的方面，当然是一场灾难了。

自由的公司中共同执行一个计划，并有人对决策结果负责，对于自由世界的自由思想发展并无影响。在这里，每个人都有自由选择某个工作计划的权利，并有机会从别人的工作计划中学习对自己有用的东西。执行公司计划的某一部分并无高低贵贱之分，只有执行计划的内容不同之分。各个层次的管理者、执行者都要保证最优计划的完成。

在以提高经济效率为目标的公司中，资产是确认谁是决策者的最优凭依，而不是其他任何凭依，如道德或民意。作为资产所有者的董事会看似在公司中没有直接参与计划的组织、执行，但正是由于其对公司资产负责的一个个深谋远虑的决策才让公司可以不断发展壮大。

计划创新的决策——日本式共同协商的决策

举一个具体的例子。如果美国人同日本人进行一项谈判，如一项有关特许权的谈判。美国人难于理解，为什么日本人每隔几个月就派一批人来，进行西方人认为的"谈判"，似乎他们从来没有听到过这个题目似的。一个代表团做了大量笔记以后回去了。但六个星期以后又来了另一批该公司中不同领域的人。他们又好像从来没有听到过这个题目似的，做了大量的笔记回去了。

事实上，这表明日本人很严肃地看待这一问题——虽然我的西方朋友很少有人相信这一点。他们试图使同最后协定的执行有关的人都参加这个协商一致的过程，得出这项特许权的确是必需的这一结论。只有在所有同这项协定的执行有关的人都得出了有必要作决策的结论后，才真正开始作决策。只有到那个时候，谈判才真正开始——而日本人到那时一般都动作很快。

——节选自《管理任务、责任和实践》

在日本人看来，公司的多数人，特别是各种职能的管理者们是不是能够接受这种技术是问题的关键。如果能够接受并认为其有价值的话，那么只要全盘接受就可以了。

日本人决策的实质就是项目融入设计的第三阶段计划创新有关的决策。这种工作方式把西方的成熟技术当成一个项目引进，而日本公司原来的设计体系就相当于普通公司即将进入第三阶段计划创新时已有的设计系统。

我们把这种典型的日本式决策称为**计划创新的决策**。

日本人的决策方式可以在很多公司引进技术时使用，引进其他公司的技术对于大多数公司来说是必不可少的。但是，这往往会引起本公司人员的抗拒。如何将其他公司的技术顺利地引进本公司，就需要使用日本人决策的方法，让大批的管理者、使用者与转让技术的公司人员充分沟通交流，这样一旦大家在各方面达成共识，那么新技术的推行就会顺利得多。

这种让全员充分参与的做法还可以让员工对计划创新的抵触情绪在前期就表现出来，并且通过有效的交流充分化解矛盾。在接受技术传播的公司看到新项目的前景之后，有利于增加员工们克服困难的信心。

如果进一步，还可以让转让技术的公司与接受技术的公司其相应的管理部门对接，如计划层次的两公司设计部门进行相互交流，组织层次的两公司人事部门进行相互交流等，可以让接受技术的公司管理者直接看到项目在转让技术的公司运行的实际情况，从而让管理者对项目运行胸有成竹，进而加快项目引进的速度。

当然日本人的决策方式在自发创新与项目创新的研发上的效果是不佳的，如果项目部门的项目本身需要得到生产部门的共同决策才能实施，那么提高经济效率却要裁减同事工作量的项目就很难获得通过。正是因为日本人习惯于第三阶段计划创新，所以他们很难引导自发创新、项目创新的潮流，成为美国、以色列这样富有创新能力的国家。一个公司如果只懂得第三阶段计划创新，虽然也可以经营得不错，但不能形成第一流的大公司。

所以说，决策做项目时也要看清楚是什么阶段的项目，计划创新阶段与自发创新以及项目创新阶段其使用的方法是截然不同的。能够找准决策项目所处的阶段，针对决策的特点进行判定，本身也是一种有效的决策。

失策管理系统——从 MIS 到 ERP 已过时

决策是指决定的策略或办法。语出《韩非子·孤愤》："智者决策于愚人，贤士程行于不肖，则贤智之士羞而人主之论悖矣。"

任何英明的决策不论是军事、政治还是本书所写的管理决策，目标都是以很少的代价获得极大的收获，从而使决策者与规划、组织、执行的参与者达到双赢的目的。

现代的管理系统从 MIS 到 ERP 尽管从表面看来很有道理，却不实用，因为这些系统居然没有决策的一席之地。

如何把生产计划做得完美，使生产中没有财物浪费现象一直是各类公司追求的目标。但是，不是生产计划做得天衣无缝就没有浪费。因为还有可能成品没生产出来就已经过剩了，这是不是一种浪费呢？

下面我们来看看流行的系统管理方法 MIS、MRP、MRP Ⅱ、ERP。

A. MIS

主流理解：管理信息系统（management information system，MIS），是指一个以人为主导，利用计算机硬件、软件和网络通信设备以及其他办公设备，进行信息的收集、传输、加工、储存、更新、拓展和维护的系统。

本书作者说明：这其实就是对企业信息的一种经验性质的汇总，仅仅为计划做一些参考。

B. MRP

主流理解：物资需求计划（material requirement planning，MRP），是指根据产品结构各层次物品的从属和数量关系，以每个物品为计划对象，以完工时期为时间基准倒排计划，按提前期时间长短区别各个物品下达计划时间的先后顺序，是一种工业制造企业内物资计划的管理模式。MRP 是根据市场需求预测和顾客订单制订产品的生产计划，然后基于产品生成进度计划，通过计算机计算所需物料的需求量和需求时间，从而确定材料的加工进度和订货日程的一种实用技术。

本书作者说明：这实质上是在对销售获利金额认可的情况下，根据产品销售制订市场计划，根据市场计划制订设计计划，根据设计计划确定生产的模式。以计划为中心做到减少、优化库存。

C. MRP Ⅱ

主流理解：制造资源计划（manufacture resource plan，MRP Ⅱ），是指在物料需求计划的基础上发展出的一种规划方法和辅助软件。MRP Ⅱ是在 MRP 管理系统的基础上，增加了对企业生产中心、加工工时、生产能力等方面的管理，以实现计算机进行生产排程的功能，同时也将财务的功能囊括进来，在企业中形成以计算机为核心的闭环管理系统。

本书作者说明：它的实质是 MRP 阶段的升级版，除了具有 MRP 的功能外，又加入两个新内容。

其一，在新流程之中，把企业组织部门的工作，如设备的工作能力、员工的工作能力做了系统评估，使市场、设计计划更加完善。

其二，用财务计划对设计与市场计划过程进行控制。这就是财务功能加入流程系统之中，使计划具有闭环的自我控制能力。

D. ERP

主流理解：企业资源计划（enterprise resource planning，ERP）是指建立在信息技术的基础上，以系统化的管理思想，为企业决策层提供决策运行手段的管理平台。进入 ERP 阶段后，以计算机为核心的企业级的管理系统更为成熟，系统增加了包括财务预测、生产能力、调整资源调度等方面的功能。配合企业实现 JIT 管理、全面质量管理和生产资源调度管理及辅助决策的功能。

本书作者说明：ERP 阶段就是公司所用的所有资源都要进行计划、组织，然后进行生产。同时，利用财务预测等功能主动为决策提供一些辅助的信息，但是本身运作不受决策层的指挥。

分析到这里我们可以发现，从 MIS 到 ERP 居然没有决策的一席之地，它的流程是含混不清的，有时把决策安排在计划之下，这样就让公司失去了决策的独立性。

仅仅以订单为依据确定生产绝对不是一种最优的公司模式，很多时候，我们即使有订单也要推掉一些，用一些财物来支持创新。生产过程使用财富占多少比例，创新使用财富占多少比例，要看市场的行情，要由决策层来决定。这一点是上面这些系统都做不到的。从 MIS 到 ERP 虽然是向有计划的公司管理转变，但此期间放弃了董事会的决策自由性，把职业经理人搞得像计划经济的官僚集团，使自由经济失去了原有的活力。

我们把没有决策一席之地的管理系统称为**失策管理系统**。

公司的决策部门董事会发挥着关注公司内外创新的责任，特别是公司内部自发创新项目的发现以及对项目部门创新的支持，还有创新项目与计划结合的落实，这几点都使公司充满了提高经济效率的趋势。ERP 中没有董事会的一席之地，看上去减少了资本拥有者的收益，为员工谋求了利益，实际上，是让公司失去了投入资本完成创新的动力，变得与计划经济一样死气沉沉。

过去流行的系统管理方法如 MIS、MRP、MRP Ⅱ、ERP 等都有或多或少的缺陷，至少有违谁投资、谁负责的基本原则，特别是创新投资负责人无法找到，这样会使公司在使用这些系统后反而失去生机。

"经济人"管家靠不住——承包制与职业经理人制度

承包制曾经在我小时候风行一时，其核心就是把国有公司承包给个人。官方的描述大概如下：

承包经营责任制是中国社会主义企业改革所采取的经营责任制形式之一。主要在全民所有制大中型企业实行。1988年2月，国务院发布的《全民所有制工业企业承包经营责任制暂行条例》规定："承包经营责任制，是在坚持企业的社会主义全民所有制的基础上，按照所有权与经营权分离的原则，以承包经营合同形式，确定国家与企业的责、权、利关系，使企业做到自主经营、自负盈亏的经营管理制度。"该条规定旨在转变企业经营机制，增强企业活力，提高经济效益。该条例第三条规定："实行承包经营责任制，必须兼顾国家、企业、经营者和生产者利益，调动企业经营者和生产者积极性，挖掘企业内部潜力，确保上交国家利润，增强企业自我发展能力，逐步改善职工生活。"

承包经营责任制实行"包死基数、确保上缴、超收多留、欠收自补"的原则。其基本内容是"双保一挂"。双保，是指企业保证完成承包基数，确保税利上缴；保证以自留资金完成国家确定的技术改造任务。一挂，是指工资总额与企业经济效益挂钩。根据产业性质、企业规模和技术特点，其具体做法在不同企业不尽相同，主要有上缴利润递增包干，上缴基数利润包干、超收分成，微利企业上缴利润包干，亏损（或补贴）企业减亏包干等形式。超过基数的收入有的留给企业，有的按比例分成。

后来这种承包制搞不下去了，原因很简单，就是公司的承包者都不会保养机器，不顾公司品牌质量，只要能在承包期内赚到钱就好。对于员工也是毫无责任感，不进行培训，没有长远的决策，反正承包期间可以获得最大利润就行了。

综上所述，大家可以明白这些观点与现行西方经济理论中的"经济人"概念如出一辙，都是只看经济收益，不看经济效率。可以说是现行西方经济理论在中国的实践范本，很不幸的是它彻底失败了。这只能归结于现行西方经济理论对经典西方经济理论的背叛。

现在的经理人制度，是指把公司交给经理人，实际上是西方实施的一种承包制。这种承包制的实质是公司财富所有者的无能，但是他们也不能自由地找到自己喜欢的事业，被家族拴在公司之内。所以，只好给他们请一些管家，这些管家就是职业经理人。

我们把承包制中的承包人与有决策权的职业经理人统称为**"经济人"管家**。

在正常的自由经济中，拥有财富的董事会应当决定公司长远的发展目标，如果董事会成员觉得自己不再跟得上创新的潮流或者是不愿意进行公司管理，那么他们应当退出董事会，把经营管理权交给有意向的新的管理者，自己把钱投入更稳健的银行、地产、保险等增值项目之中去。因为在公司之中，一旦你做出了错误的决策，可能造成的损失会让财富贬值而不是增值。

公司真正需要找的职业经理人并不是有决策权的职业经理人，而是执行协调、计划、组织、领导、控制这些职能的职业经理人，因为决策就是要求对经济效率负责。

当然，由于社会制度的不健全，市场自由资源流动的不畅通，特别是在思想上很多家族看不清创新与传承的关系。一些富有家族总是认为，自己家的子弟不需要创新，只要守住家业就可以让后代拥有前辈的风光。

实际上，如果没有持续的创新，再大的家业也不能维持后代富有的生活。相反，由于富家子弟生活成本高，会对一些有潜力的新项目视而不见。

比如 A 公司在一次海运中贩卖某种紧俏商品大发了一笔横财，这是因为 A 公司在这次贩卖某种紧俏商品中的投入很小，而产出很大，所以大赚了一笔。

如果这笔生意让沙特王室来做，以他们的派头，还有日常的开支，那么贩卖同样的产品，可能就难以盈利。

真正的可持续创新项目都会经历推广阶段，这时市场很小、利润也不多，很难入得了富家子弟的法眼。他们往往喜欢在竞争阶段大规模地投入巨资与对手一决高下，但由于富家子弟看中创新项目却没有自己亲身经历产品实验、推广阶段，所以他们对产品的定位并没有创新者清楚，往往会在市场定位上误入歧途，从而一败涂地。这也是很多富有家族出现"有事业心"败家子的原因。

富有家族应能够对创新与传承有一个清晰的认识，知道富有而风光只能在创新者身上体现，不要去幻想由本家族把持的公司可以万年不倒。让真正关心公司的人进入董事会去管理公司，才是让公司不断发展的良方。

当然也可以早早功成身退，培养下一代从小规模创新做起的耐心。要知道任何卓越的公司都是从与众不同甚至不为人接受的创业思路开始，慢慢由小项目发展成为按成熟的计划工作的大公司。其间需要的是不间断地用心把创业思路整理完善。只有这样，才能在社会竞争中发展壮大自己的事业，而依靠按计划拿工资的职业经理人是不可能完成这一任务的。

公司协调：行云流水

作为公司协调负责人的总经理应当了解公司各部门财富的投入与产生过程，把各部门高效率并且顺畅地放在一起工作，防止内部管理人员拉帮结派，形成官僚作风。

过去，我也认为总经理只是单方面地贯彻执行决策，但随着对管理的深入思考，外加总经理有向决策层反馈工作的职责，所以把总经理定义为协调者，其办公室为协调部门。

总经理全局掌控力——公司遭遇退单之后的补救

在这里先说说我亲身经历的一件事。

我在南昌开外贸公司时遇到过这样一件事，与一家 A 公司谈好了一批卫衣、文化衫的价格，并与外国客户签订了合同，下单让工厂定做。

在卫衣的生产过程中，A 公司遇到了很多技术问题，如微皱的领子不好做，还有色块要拼块，等等。半个月后 A 公司居然说他们做不了卫衣，要退卫衣的订单。

退单对我的公司与外国公司来说都是巨大的损失，可以说我们都将失去客户。这一点是我们不能接受的。

幸好文化衫的交货期在前面，卫衣的交货期在后面。我们又找了一家 B 公司补上了这个订单。

在 A 公司退单的谈判之中，A 公司居然振振有词地说，他们工厂经常有做不了的订单就退的事，做生意总不能亏钱。

后来我们经过深入了解，这家 A 公司的老板是从裁缝店的裁缝慢慢起家的，他可能还停留在裁缝店里接到街坊邻居顾客面料后做不了退回去的思维上。

我们问了一下其他工厂接到订单后完成不了所采取的方法，多数人会利用商业人脉优势找到有空闲的专业厂家外发生产，一小部分是采取偷工减料的办法，当然这两种情况都是我们不愿意遇到的。

我的公司只好找到另一家 B 公司。问题是，如何避免 A 公司报价之后做不了订单的情况不在 B 公司发生？

我的公司在与 B 公司协商价格签订订单之后，就要求 B 公司招集与此次生产订单有关的部门，包括下料计划部门、裁剪部门、车位加工部门以及厂长、老板等人共聚一室，与我公司的人员一起分析订单中的要点、难点。例如：下料计划部门分析了最近印染布料的成本是否有变化；车位加工部门分析了这次订单可能比平时多出来的工序问题；厂长考虑了订单生产排期的问题；等等。而老板则分析生产这批货时要比平时多付出多少成本。我的公司则根据自己的经验帮助 B 公司老板协调处理这些问题。这样，就不会再发生做这单生意不赚钱，从而退单的事。

这也是我的外贸公司在无奈之下被迫采用的方法，从而保证公司的订单不会被延期。

在这个实例中，我的公司充当了 B 公司总经理的角色，让 B 公司各部门可以协调执行内容，明确各部门承担的责任。

事实上，在多数公司，都有一位总经理或者一位副总经理对公司的生产、经营情况十分了解，可以给客户迅速报价。

我们把这种总经理对公司全方面经营的深入理解以及方全面的协调能力称为**总经理全局掌控力**。

不过，在职能管理不明确的公司往往缺少这样具有全局掌控力的人才。

在这里，我们可以看看迅速报价意味着什么。

迅速报价既可以反映出一个公司对生产全局的把握能力，也可以反映出公司对客户的重视程度。

如果不是对决策—执行流程的每一步都很熟悉，了解各个部门在执行订单中投入的成本，是很难为客户准确报价的。一般公司的报价都要由公司总经理制定，或者给出价格上限，因为只有总经理对整个公司的决策—执行流程有完整的了解。

客户往往非常重视合作公司的报价响应速度。如果合作公司连报价都拖拖拉拉，那么让他们按质按量地履行合同就更难了。其中的原因可能是公司业务人员不敬业，没有及时地反映客户的需求；或者是公司经理对需要报价的产品不熟悉，需要很多人员反复核对，才能报出价格。

不论是哪种情况，都不是客户理想中的供应商人选。

具有全局掌控力，其实就是了解产品生产过程的产出、投入比，并具有控制协调能力，对公司现有订单排期了然于心。只有这样，才能为客户报出合理的价格，为公司创造出效益。

效率平衡点——《国富论》分工的奥秘

本书把员工的工作方式分为单线进行的工作、平行进行的工作与同步进行的工作。

单线进行的工作：单线进行的工作往往出现在项目的初创阶段，因为对下一步工作进行的情况没有把握，所以只有等本步骤工作完成后，才能进行下一步工作。

平行进行的工作：每个人执行的都是单独的工作，如计件的冲压脸盆工作。只要准备充分，一个主管可以管理数十个员工，因为其中任何一个员工的差错都不会对其他员工造成影响，而且由于每个人对自己的工作可以充分检查并负有责任，所以出现问题的可能性不大。

同步进行的工作：每个人的工作都是合作完成的，一旦有人失误就可能对后续工作造成影响。如汽车的制造，前面工序的一个员工的螺丝没有打紧，可能造成最后整车安装不进去，最后所有中间步骤都要返工。在很多情况下，新进的员工根本不知道自己无意识的行为对后序工作的影响。这种工作对中层主管的要求更高，一个中层管理者管理的员工较少。

不论是计划、组织还是领导层次的中层管理者，都会接触到平行或同步的管理任务。面对这两种任务应当区分对待。

同步进行的工作适合复杂的项目。从另一个角度来说，对于复杂工作，我们经常需要把平行进行的工作分解成同步进行的工作，来实现管理。下面是《国富论》中对分工生产扣针，从而使生产扣针的效率大大提高的例子。

扣针制造业是极微小的了，但它的分工往往能唤起人们的注意。所以，我把它引来作为例子。一个劳动者，如果对于这个职业（分工的结果，使扣针的制造成为一种专门职业）没有受过相当训练，又不知怎样使用这个职业上的机械（使这种机械有发明的可能的，恐怕也是分工的结果），那么纵使竭力工作，也许一天也制造不出一枚扣针，要做二十枚，当然是绝不可能了。但按照现在经营的方法，不但这种作业全部已经成为专门职业，而且这种职业分成若干部门，其中有大多数也同样成为专门职业。一个人抽铁线，一个人拉直，一个人切截，一个人削尖线的一端，一个人磨另一端，以便装上圆头。要做圆头，就需要有两三种不同的操作。装圆头，涂白色乃至包装，都是专门的职业。这样，扣针的制造分为十八种操作。有些工厂，这十八种操作，分由十八个专门工人担任。固然，有时一人也兼任两三门。我见过一个这种小工厂，只雇用十个工人，因此在这个工厂中，有几个工人担任两三种操作。像这样一个小工厂的工人，虽很穷困，他们的必要机械设备，虽很简陋，但他们如果勤勉努力，一日也能成针十二磅。以每磅中的针有四千枚计，这十个工人每日就可成针四万八千枚，即一人一日可成针四千八百枚。如果他们各自独立工作，不专习一种特殊业务，那么，他们不论是谁，绝对不能一日制造二十枚针，说不定一天连一枚针也制造不出来。他们不但不能制造出今日由适当分工合作而制成的数量的二百四十分之一，就连这个数量的四千八百分之一，恐怕也制造不出来。

从这里我们可以看到，把平行进行的工作分解，然后变成同步进行的工作可以大大地提高工作效率。

这是由于使用的是整体工具，所以有专业人员可以进行流程的优化设计。

这种整体工具使劳力的使用更专业和熟练有效，从而大大提高了执行者的效率。而且使用整体工具可以使工具更专业，从而使同样单位的产出使用的资源更少。

同时，由于管理变得复杂，管理成本增加了。这就是是计划、组织、领导员工同步使用整体工具的成本。而设计制造工具成本，我们在前面可以作为负数计算入整体工具的成本中，所以这里所指增加的成本就是管理成本。

这就需要我们在平行进行的工作与同步进行的工作之间找到一个平衡点，这个平衡点可以使在既定的产出条件下，生产与管理成本的总体投入最少。

我们把这个平衡点称为平行进行的工作与同步进行的工作的**效率平衡点**。

随着新项目进入设计阶段，公司的运行设计不断完善，公司的管理成本将逐渐减少，公司对产品的控制将以抽查的方式进行。这时，平行进行的工作与同步进行的工作的管理成本都会减少，但同步进行的工作由于原来管理成本高，所以表现出来的管理成本将减少得更多。

在创新的项目阶段以及计划阶段，有时候我们会面临竞争对手的创新压力，这时快速地推出新产品以及新的生产线，是公司取胜的关键。往往比竞争对手早一天推出新产品，就会在客户心中占据领先者的地位。这个时候采用同步进行的工作的方式，可以大大地节省创新完成的时间。

非主业最简原则——公司成立之初就必须有公司章程吗

在大公司的宣传栏中，我们第一眼能看到的不是工作计划，而是一些规章制度，其实这就是一种工作计划的完善。例如，如果员工迟到一次，公司的规章中会写明停发一个月的奖金。而如果员工旷工一次，公司的规章中就会写明停发一个季度的奖金。这种制度不仅仅针对人，也可以针对财物，如供应商供货不良率超过5%，采购的材料直接退回，等等。

这些称作规章制度的计划与市场、设计计划不同，虽然也可以看成一种计划，但这种计划是以预防问题以及快速处理问题为目标的。

如果没有"员工迟到一次，公司的规章中会写明停发一个月的奖金"的规章制度，那么有的员工迟到公司不处罚、有的员工迟到受到处罚，就会造成管理者的权利过大、员工通过行贿等方式拉拢管理者、管理者一手遮天的局面。

有了明确的规章制度后可以大大节省处理计划外的问题的时间。如果供应商供货不良率过高，他们也许会找各种理由使自己的产品不被退回，这给采购人员增加了很多额外的工作量。而且如果曾经有采购人员同意高不良率的产品进入公司，那么更是会对现在的采购人员造成一定的压力。因此，明确的规章制度可以使采购人员理直气壮地拒绝高不良率的产品。

这些规章制度看似琐碎，其实作用不小。

企业的计划有时就像对小孩的教育，让小孩正常作息、锻炼固然很重要，一些行为习惯也要重视。

很多老人家会纵容小孩子吃糖。小孩子吃糖虽然是小事，不过一旦牙齿坏掉，对小孩的整体形象来说就不好了。

同样地，很多时候我们历经辛苦才完成产品的生产，但其中一个小部件如果我们不按规定操作，其他所有努力都可能前功尽弃。

辅助计划的目标就是预防与快速处理计划外的问题，而不是其本身有多完善。

我们把这个原则称为**非主业最简原则**。

一条规章制度在建立之日起就从来没有起到过作用，那么这条规章制度就只是在浪费员工的时间。

不得不说，我国每家公司成立之初就必须有公司章程，并报送工商行政管理部门备案，否则甚至不能领取营业执照。

公司在新设立时应当有的就只是一些创始人普遍认可的原则，而不是一本厚厚的公司章程。如果通用章程对公司是有用的，应当会在市场上找到初创公司的通用章程暂时做参考备用。

与之相对应的是，公司项目部门受公司章程的约束较少，因为项目部门与公司初创时一样，应当拿出更多的时间来考虑创新，而不是把时间用在研读规章上。

约束项目组成员的最好制度就是项目实施的质量与期限。这样就可以省去更多的研读与讨论规章的时间，要知道在新产品的研发上，晚了一天就有可能落后了一个时代。

权力不生根原则——玄武门之变新解

我们以中国著名的玄武门之变为例说明小团体的形成与

防范。

玄武门之变相信大多数读者都有所了解，玄武门之变是唐高祖武德九年六月初四（公元 626 年 7 月 2 日）由当时的天策上将、唐高祖李渊的次子秦王李世民在唐朝的首都长安城（今陕西省西安市）大内皇宫的北宫门——玄武门附近发动的一次流血政变。

在起兵反隋的过程中，李建成与李世民兄弟二人配合仍算默契，直到唐朝建立。

唐高祖李渊即位后，李建成为太子，常驻宫内处理事务，为文官集团代表；李世民为秦王，继续率领武将集团带兵出征，功劳也最大。

太子自知战功与威信皆不及李世民，心有忌惮，就和弟弟齐王李元吉联合，一起排挤李世民；同时，李世民集团亦不服太子，双方明争暗斗。

经过长期的斗争，李世民集团逐步占了上风，控制了局面，最终李世民设计在玄武门杀死了自己的长兄皇太子李建成和三弟齐王李元吉。据传，李世民逼迫其父唐高祖李渊立自己为新任皇太子，并继承皇帝位，是为唐太宗，年号贞观。

很多人都不理解，李世民的兄弟之争怎么会发展到你死我活的地步。如果不杀死李建成，只是软禁起来，不也可以达到夺取政权的政治目的吗？

其实这就是兄弟之争的残酷性。这是一种你中有我、我中有你的尴尬局面。这些效忠于李世民的家臣今天忠于李世民，明天可能受不到重视，就投奔了李建成，到时与软禁起来的李建成一勾结，那么李世民的命就不保了，所以李世民只有痛下杀手。

李世民与李建成的矛盾为什么会那么深呢?

从一般人的角度来说,如果兄弟两个一起打天下,一个人当了皇帝,另一个失去权势做个亲王也很好呀。

但是,对于这两个人的手下来说,就不是那么回事了。

当时李渊为了充分发挥两个儿子的能动性,充分地授权给两个儿子,李建成有一个太子府的班底,同样李世民也有一个天策府的班底。

一旦他们其中一个继承了皇位,那么也许真像一般人认为的另一个可以当一个无权的亲王,但是失权者的手下就可能失去靠山,面临着过去功劳被抹杀甚至被迫害的窘境。

所以,两兄弟斗争之中,最着急的是那些立有大功的太子府与天策府的家臣,这些人在平时的战争中又是两兄弟出生入死的好朋友,当然受到两个人的信任。他们会不断相互斗争,并打上李世民与李建成的标签,让两兄弟觉得确实是对方在迫害自己,从而矛盾日积月累最后真正成仇。

如果只是天策府与太子府的人争斗,这种争斗波及面并不会很广。李世民与李建成的班底相当于项目部门,两个项目部都可以直接对计划体系下的部门下达指示则是问题的根源。

经常是李唐的政府部门某一天会接到李建成的太子府的命令,刚准备执行又接到李世民的天策府的命令,过不了多久,李渊的圣旨又会下达。这样一来,政府部门中的人员必然会与天策府或太子府的人勾搭在一起,谋求更紧密的对接以完成工作任务,并能在日后新皇帝上位时可以升官发财,这样整个官员体系就出现了分化与对立,双方的冲突就很容易爆发。

同样的道理,一些大公司授权给副总经理或者职能部门的领导设立项目，这就意味着大公司副总经理或部门领导可以非正常调动大公司中的海量资源来解决问题。问题一旦解决，很多员工可以得到超出一般经济效率的项目奖励，这时受益员工必然会把副总经理或部门领导拉入小集体，让副总经理或部门领导做项目更加顺利，但副总经理或部门领导也会对小集体形成依赖。而且为了让所管理部门的项目小组更多地分配到资源，就会调动部门力量与其他项目小组作对，这对公司的项目创新是很不利的。

特别是由公司副总经理兼职项目管理，很多情况下大公司的项目都是由几个无所不管的副总经理去负责，他们的权利是相互交错的。部门员工既可以为这个副总经理工作，也可以为那个副总经理工作。获得利益者就更容易形成派系。

即使不是部门领导或者副总经理担任项目负责人，一旦项目实施，就应当有具体的收回期限，即项目创新完成的时间。不然，这些部门的领导就会把其作为一种私有权利处理，更重要的是其下属也会抵制对部门的改造，从而形成公司决策之外的新的团体。

罗马共和国初期对执政官的授权时限为一年，就可以有效地防止士兵成为私兵。后来随着罗马共和国版图的增大，执政官们长时间在外带兵，就把共和国的士兵变成自己的私有士兵，成为罗马共和国加速衰亡的一部分原因。

本书认为项目部门作为有独立权限的设计部门，能把做项目的人减少到最少，让项目部门不会与设计部门混在一起。

由于项目部门是由公司各部门有创新思想者组成的小团体，所以由分管的决策者去与之沟通，让项目部门感到公司的支持与关注，从而增加其向心力，保证对决策部门策略的执行。

回过头来看玄武门之变中的太子府与天策府，其实就是两个项目部，做着同样的项目。而且这两个项目部门都有权力改变计划部门，让行政部门内不少人已经跟李世民、李建成站边，这一点是太子府与天策府最后失去控制的主要原因。

最后这个国家按哪个项目部的模式来治理，就成了两个项目部争议的焦点。要制止这种兄弟相争，首先就应当让太子府与天策府失去指挥其他行政部门的权力。

我们把项目部门的权力限制在一定的时间以及管理区域之内的原则称为**权力不生根原则**。

大公司在运行中也有这种类似问题，但只要坚持公司的项目小组不与计划部门搅和在一起，他们的创新功劳很容易一目了然，到期完成项目就可以进行其他工作，就不会有什么小团体形成。

如果是小型公司，本身人员就不多，由总经理负责公司的少量项目，自然只有各个部门经理兼职项目部门人员。

如果是中型公司有几个项目小组要同时进行，就需要总经理有足够的能力控制几个项目小组的管理者不要相互倾轧。

如果是大型公司则应依照权力不生根原则，突出计划与项目部门分开执行，可以使公司形成小团体的聪明人都把精力放到创新上去，促进公司经济效率的提升。

创新弥补型腐败——红包、冰敬、炭敬的规矩从哪里来

我们知道中国古代官场有红包、冰敬、炭敬这些送礼陋习。对于官僚体制腐败的形成有很多种说法，不过本书认为官僚体制

的形成主要来源于官僚在社会分配中的不平衡，也就是说官僚们没有得到应得的工作报酬。

这个观点可能让人大跌眼镜。我们先以封建官僚的腐败为引子来看看问题所在。封建官僚们已经居于封建制度的上层，他们位极人臣，还没有得到应得的报酬吗？

是的。

这主要从以下两个方面来讲：

第一是进入官僚体系的问题。

王朝的第一代官僚个个提着脑袋做事，当然封赏也是丰厚的。但是，王朝进入稳定阶段之后，想要得到那种战争时期的封王封侯的重赏已经很难了，但朝臣们暴富的做事基因是没有改变的。

官僚系统中如果有新的空缺，凭什么让平民进入刀口舔血才建立起来的队伍？从情理上来说，新来者就应当表现出不只是对帝王的效忠，还应当表现出对前辈的效忠，所以红包、冰敬、炭敬这些就成了官僚体系认可的伦理规则。

当然，这种规则也产生了逆向淘汰，那就是没有钱的人想进入体系之中，就要借钱，借到钱还不了就只有鱼肉百姓。

第二是创新问题，特别是工商业创新。

随着王朝的稳定，工商业逐渐发展，要破除的封建藩篱越来越多。

比如明朝初期不准商人穿绸缎，但是有的官员就会变着法让商人们穿上绸缎，比如给个小官，让大商人做红顶商人。这些都是官员们冒着危险甚至拼着性命给社会上各层次人士争取来的福利。

　　那么，这些商人当然也会心甘情愿地为官员们送上财物，达到双赢的效果。

　　随着社会的不断创新，封建藩篱渐渐地被打破，官场的陋习也越来越多，并沉积下来，成为官员们不可逾越的行动准则。

　　公司与国家的情况也差不多，如果公司在运作细节上不能保持不断地更新，总处在一种吃老本的状态，那么有人想进入这个吃老本的圈子，就要给退出者好处。

　　如果没有制度创新带来的红利，官僚层就只有依靠腐败来获得计划外的创新收入。我们把这种情况称为**创新弥补型腐败**。

　　一旦改变规则的自发创新不能得到公司的认可形成项目创新、计划创新，时日一长，自发创新的受益者就会给自发创新者好处，这就成为体制内不成文的获得额外收入的陋习。陋习一旦形成，往往是集体性的，如果想根除，就是一个大手术。这就是很多陋习不能在发展中国家根除的原因。

　　公司的陋习也是公司规则的很多细节不能适应实际情况的体现。

　　总而言之，发现并鼓励制度细节完善中的自发创新，促成项目创新、计划创新，并给予创新者应有的项目分红奖励，才是解决创新弥补型腐败并治理陋习的根本。

公司计划：遇水架桥

　　公司计划分为设计部门的计划与市场部门的计划两部分。

　　公司设计计划是公司决策与执行衔接的重要部分，是认识从偶然转向必然的集中体现。

要让决策落实到执行就要对 ISO 9000 这样一些过去的管理体系的核心哲学进行改进，保证公司发布计划的完整性。

八步设计创新流程——ISO 9000 的核心哲学改进

ISO 9000 质量管理体系是一个围绕以质量为中心的管理体系。在质量的检查过程中，供方在生产所订购的货品中，不但要按需方提出的技术要求保证产品质量，而且要按订货时提出的且已订入合同中的质量保证条款要求去控制质量，并在提交货品时提交控制质量的证实文件。这种办法促使承包商进行全面的质量管理，这就是 ISO 9000 质量管理体系产生的缘由。但 1998 年被调查的一小批美国制造公司大多承认下列 ISO 9000 认证所带来的内部利益和外部利益：产品质量的改善，顾客注意程度的增加，为重新设计功能步骤而形成的基础，市场份额的增加；不过，有 21% 的公司认为质量认证对质量体系及产品没有产生效果。那么，ISO 9000 的优势与缺陷在哪里呢？

ISO 9000 质量管理体系是指由 ISO/TC176（国际标准化组织质量管理和质量保证技术委员会）制定的国际标准。该标准是质量管理体系通用的要求和指南。

随着国际贸易发展的需要和标准实施中出现的问题，特别是服务业在世界经济中所占的比例越来越大，ISO/TC176 分别于 1994 年、2000 年对 ISO 9000 质量管理标准进行了全面的修订。该标准吸收了国际上先进的质量管理理念，采用了 PDCA 循环的质量哲学思想。那什么是 PDCA 循环的质量哲学思想呢？

PDCA（plan-do-check-action，PDCA）循环是品质管理循环，针对品质工作按规划、执行、检查与调整来进行活动，以确保可靠度目标之达成，并进而促使品质持续改善。该概念由美国学者爱德华兹·戴明提出。这四个部分的循环一般用来提高产品质量和改善产品生产过程。PDCA 这四个英文字母及其在 PDCA 循环中所代表的含义如下：

P（plan）规划，包括方针和目标的确定以及活动规划的制定。

D（do）执行，根据已知的信息，设计具体的方法、方案和计划布局；然后根据设计和布局，进行具体运作，实现计划中的内容。

C（check）检查，总结执行计划的结果，分析哪些做对了、哪些做错了，找出问题。

A（action）调整，对总结检查的结果进行处理，对于成功的经验加以肯定，并予以标准化；对于失败的教训也要总结，以引起重视。对于没有解决的问题，应提交给下一个 PDCA 循环去解决。

我们纵观 ISO 9000 质量管理体系的核心就是以目标（顾客要求或订单）为设计依据进行生产，并在执行中不断改进。如果未满足目标，那么就需要重新设计。

从这点来看，这个 PDCA 循环本身就不是个真正的循环，而是个在 P 下面的 DCA 循环，因为顾客的要求你是无法去影响的。如果你做不出令顾客满意的产品，那么顾客就会去买别家的产品。

换句话说，PDCA 循环最多可以对已经有的顾客进行服务，而对于开拓市场甚至拒绝部分顾客的不合理要求而使用经费开发更广阔的市场是有害无益的。

对顾客的不满，PDCA 也只能采取头痛医头、脚痛医脚的解决方案，而对其引发的系列问题是不能解决的。

从这里可以看出，ISO 9000 质量管理体系真正的成功之处就是按计划进行生产。过去，很多公司没有按计划生产，或者不是每次都按图纸生产。

按本书的理论，产品在计划创新阶段，应当采取以下流程：

第一步：决策层需广泛了解公司自发创新的项目，这些项目包括决策、生产、设计、销售、市场等方面人员在实践中摸索出来的创新观点。市场与销售的自发创新包含顾客对他们的建议，以及顾客给出的可接受的订单条款。

第二步：由决策层做出哪些自发创新有效，可以转化为项目的决策。当然，在大公司，投入小、涉及范围小的自发创新的项目可以由总经理直接指定人员处理。

第三步：把自发创新的项目进行反复实践，变成可行的项目。

第四步：由决策层确定哪些项目创新可以投入计划之中。

第五步：以决策为依据，把项目创新融入计划创新之中，由财务部门进行控制。

第六步：在产品的组织阶段，组织方案按计划执行，并由会计进行控制。

第七步：在产品的生产阶段，产品按设计生产，按市场计划销售，最后由质检员对产品质量进行把关。

第八步：计划、组织、执行及控制中发现的问题，都会反馈到决策部门，由决策部门根据问题的重要性与急迫性，责成项目部门进行实验，然后由设计部门进行全面的改进设计，而不是头痛医头、脚痛医脚。

我们把这八个步骤称为**八步设计创新流程**。

在公司的初创时期，由于规模较小，就相当于一个项目部门在运作。这时可以省略其中一部分内容。

这样，本书的八步设计创新流程远高于 ISO 9000 质量管理体系所做的经验式的设计-执行-反馈体系，真正做到了决策、设计、生产、控制的一致性，以保证产品按决策的要求生产出来，以实现决策、协调部门与组织、领导、控制部门的完美衔接。

计划完整性原则——制药公司为何出售与转让创新项目

在人们传统的思维之中，本公司取得的项目研究成果自然要让本公司员工使用。但实际上这种观点已经被证明是过时了的。

有一家大制药公司在某项新的研究项目有很大的可能取得成就时，并不把项目加入已有的生产计划之中去，而是采取另外兴办企业或特许经营的方式。这家公司的高级经理人员说："有少数情况，我们决定利用这项研究成果同别的公司合办一个企业。我们所选择的公司往往是具有制造这种药物的专门知识的化学公司。而我们却缺乏这方面的专门知识。我想不出有什么例子，我们可以自己利用经营的研究成果，却予以放弃、出售、转让或与人合办企业。如果我们有什么错误的话，那就是我们把自己的研究成果过多地自己经营利用了；就是不愿承认这一事实，我们的研究成果虽然是很激动人心并有发展前途的，但对我们公司来讲并不合适，或者由我们公司来研究和销售并不适当。"

可是，这个公司却是在国内外首先以其在制药工业的主要最终用途市场中产品线的广泛和占有领先地位而知名的。由于它的上述政策，它能把力量集中于意义最大的发明成果上，能够从其技术资源中获得最大的利益。其收益的三分之一左右来自它开创而并不自己制造，但出售、转让或与人联合制造的药品和化学品。

——节选自《管理任务、责任和实践》

为什么要把公司的项目成果放弃、出售、转让或与人合办企业？

很多人可能认为这是公司没有足够的财力或者这些项目成果没有价值，但真正的原因是公司的计划体系难以容纳这些创新项目。

对于一个具有庞大生产计划的公司，如果其中一部分人被调配到一个新的项目中进行实验，那么这些人是否愿意成为参加新项目的人选？项目万一失败返回本岗位时，本岗位已经被人代替等一系列的人事问题，都是让人头痛的。而且这些被调入的人员适应了按计划生产的工作方式，换成按要求自觉、主动生产的方式进行工作，也是难以适应的。

这时我们就需要一些勇于尝试、乐于冒险的人去做新公司的开拓者，这些人往往是社会上的待业者，只要让公司的管理人员培训一下，他们短时间就可以进入工作状态。

在众多原有员工因为项目问题无事可做、新员工已经招入的情况下，不只是人员，还有资源与设备甚至是计划都会发生巨变。公司原有的设计已经过长期的优化，如果要增加新的生产线，那么很多过去对生产线的优化就会变得无效，这无疑会遭到过去做出创新的老员工的反对。就拿其他员工来说也会如此，新的产品加入了，原来的工作台就要重新设计与整理。仓库与设备也是一样，原来正合适的仓库不够用了，原先可以正常找到的东西找不到，设备不能确保正常维修时间等一系列问题都使得执行新计划举步维艰。

我们从上面的论述可以看出，维持已有工作计划的完整性不受项目打扰的重要性。因此，我们把这种公司运行中需要坚持的原则称为**计划完整性原则**。

如果新项目足够简单，可以在原来的生产线外部加一条生产线，但大多数新项目事实上都没有这么简单，这时就需要我们把新项目以各种方式出售出去。

在积累了一定的资金之后，我们可以重新建立一条生产线，把保留的新项目与原有计划完美地结合在一起，以更大的规模生产出更先进的产品。

保证计划完整性原则不仅对老员工负责，也使工作计划变得完整、缜密，避免了新、旧项目计划相互纠缠不清的一团粥的情况发生。

精简有效制原则——哥伦布立鸡蛋

现在很多设计部门都有昂贵而高效率的计算机，动不动就把所有设计理念用数学模型进行高科技的模拟运算，似乎不动用这些机器就不能显示设计者的高技能、高水准。公司的设计靠这些机器就会更有经济效率吗？

这里有一个哥伦布立鸡蛋的故事就很能说明问题。

哥伦布从海上回来，他成了西班牙人民心目中的英雄。国王和王后也把他当作上宾，封他为海军上将。可是有些贵族瞧不起他。他们用鼻子一哼，说："哼，这有什么稀罕？只要坐船出海，谁都会到那块陆地的。"

在一次宴会上，哥伦布又听见有人在讥笑他了。"上帝创造世界的时候，不是就创造了海西边的那块陆地了吗？发现，哼，又算得了什么！"哥伦布听了，沉默了好一会儿，忽然从盘子里拿个鸡蛋，站了起来，提出一个古怪的问题："女士们，先生们，谁能把这个鸡蛋竖起来？"

鸡蛋从这个人手上传到那个人手上，大家都把鸡蛋扶直了，可是一放手，鸡蛋立刻倒了。最后，鸡蛋回到哥伦布手上，满屋子鸦雀无声，大家都要看他怎样把鸡蛋竖起来。

哥伦布不慌不忙，把鸡蛋的一头在桌上轻轻一敲，敲破了一点儿壳，鸡蛋就稳稳地直立在桌子上了。

"这有什么稀罕？"宾客们又讥笑起哥伦布来了。

"本来就没有什么可稀罕的，"哥伦布说，"可是你们为什么做不到呢？"

宾客们一个个强词夺理："鸡蛋都破了，那算什么呢？"

哥伦布却继续保持不以为然的态度："我在刚开始定条件时，说过不允许把鸡蛋敲破吗？"

哥伦布离席而去时还留下了一句令人回味的话："我能想到你们想不到的，这就是我胜过你们的地方。"

宾客们一时哑口无言。

如果我来代替哥伦布回答，我会说，我按自己的想法，利用这么简陋的船做了这么简单的事为社会做了这么大的贡献，请问，你们使用着复杂、昂贵的装备却不能为社会做出贡献，不是更加觉得应有所思吗？

从经济学的角度看，获得同样的效果，越是简单的自发创新越应提倡，我们复杂的设备只是在必不可少的工作中才应当选购。

我们把这种追求简单解决问题方式的工作原则称为**精简有效制原则**。

很多成功人士都很好地应用了精简有效制原则。美国钢铁大王卡内基就对简单而实用的发明有独到的眼光。他充当"伯乐"，将卧铺车的发明者伍德拉夫引荐给宾夕法尼亚铁路公司，建立了一家火车卧铺车厢制造公司。要知道在一般人眼里这就是把床搬到火车上这么简单的设计改进，也只有卡内基这种对设计产生的效果重视的人才会欣赏这种设计。

卡内基还通过借贷投资买下该公司 1/38 的股份。仅 200 余美元的投资，一年分得的股票红利高达 5 000 美元。卡内基抓到了一只会下金蛋的鸡。到 1863 年，卡内基在股票投资上已成为行家里手，从而使卡内基获得人生第一桶金，为日后建立钢铁企业奠定了基础。

产品的设计要避开只讲求高级工具、高学历的误区，先看设计产生的效果，再利用经济效率公式，对设计的投入产出比进行分析。以精简有效制原则制订高经济效率的计划才是设计大师们的高超手法。

需求系统性要求——摩斯卖保险柜的故事

纽约有位年轻人摩斯，在纽约市的一个热闹地区租了一家店铺，满怀希望地做起保险柜的生意。

然而，开业伊始，生意惨淡。每天虽有成千上万的人在他店前走来走去，店里形形色色的保险柜也排得整整齐齐，但却很少有人光顾。

看着店前川流不息的人群，摩斯想来想去，终于想出了一个突破困境的办法。

第二天，他匆匆忙忙地前往警察局，借来正在被通缉的重大罪犯的照片，并把照片放大几倍贴在店铺的玻璃上，照片下面还附上说明。

照片贴出来以后，来来往往的行人都被照片吸引住了，纷纷驻足观看。人们看过逃犯的照片后，都产生了一种恐惧心理，本来不想买保险柜的人，此时也想买一台了。因此，他的生意立即有了很大的改观，原本生意清淡的店铺突然变得门庭若市。

就这样不费吹灰之力，保险柜在第一个月就卖出 48 台，第二个月又卖出 72 台，以后的每个月都能卖出七八十台。

不仅如此，因为他贴出了逃犯的照片，警察顺利地缉拿到了案犯。因此，这位年轻人还领到了警察局的表彰奖状，当地报纸也对此做了大量的报道。他也毫不客气地把表彰奖状连同报纸一并贴在店铺的玻璃窗上。由此锦上添花，他的生意更加红火。

从这则小故事可以看出，摩斯通过张贴罪犯海报，提示罪犯可能在你身边，从而让顾客想到可能遇到的安全问题，进而产生购买计划。

围绕顾客需求计划的实现，就找到了顾客购买获得与消费付出的比较优势。那就是没有购买计划的支持，许多相关的计划都会遭遇失败。

有人可能会说，顾客有什么计划，难道市场人员会知道吗？是的，刚开始时每个顾客的计划，市场人员是不知道的，但销售人员可以通过询问、沟通了解情况。作为用计划指导销售人员的市场人员应该对所有消费者的基本计划体系有一个基本的认识。

市场规划的基本原理也是心理学应当遵守的原理。每位顾客在有消费需求之前，就已经有了需求体系，这个体系随着环境的变化会不时产生一些清晰或不清晰的购买计划。

各种消费需要产生的购买计划的特点是不同的。

顾客的购买行为是有计划的，这种计划本身就来源于顾客支出的金钱，是个人过去收入的一部分。收入代表的是某种经济效率在过去一段时间的所得，因此顾客对自己获得财富的能力是有一定了解的，这种了解决定了其购买计划。

例如，我们不能盼望一位普通员工去购买一幢纽约市中心的大楼，因为其获得财富的能力有限，所以其支出就只能限定在其经济能力之内。

顾客消费的需求有如下分类。

人的需求体系以体力与精力的补充为中心，包括五种需求：

食物需求：直补体力（包括产生精神的脑力）需求。

卫生需求：捍卫体力需求，如穿衣、住房、器皿、卫生医药用具等。

方便需求：节省体力需求，如制造机械、小工具、出行道路等。

文化需求：以社会共识为中心的需求，如对自己体力的了解与身体技能的掌握、旅游探索自然、社会人文知识、学习技能与书籍知识等。

精神需求：以自我精神为中心的满足需求，如宗教、美味、游戏、艺术等。

其中，很多需求都是隐性的，如安全需求。只有当危险在附近时，我们才会想到这种需求从而制订购买计划。

一般来说，普通人都会留有一笔资金以应对安全问题，如果一切平安，那么就有可能在某时段把这笔资金花在其他方面；如果有遇到危险的可能性，那么就会提前把这笔资金使用在安全需求方面。

保证顾客自身需求体系的可持续性与稳定性是顾客潜意识消费计划的重要部分。我们把这种顾客心理要求称为**需求系统性要求**。

在摩斯的故事中，潜在顾客的生活计划的缺失环节就是当犯罪危险可能来临时的应对乏力。如果让顾客感到自己原来的生活计划确实不足，顾客就会明白如果不优先解决这一计划漏洞，那么像精神需求、方便需求的计划都显得没有意义。

让顾客感到一种需求计划在需求系统性要求中要优先解决时，顾客就会马上拿出钱来购买，这也正是卫生产品市场计划的关键。

行进中的市场

我们先看德鲁克在《管理任务、责任和实践》一书中举的一家维护草坪公司的例子。

有一家小型的、高度专业化的企业，向郊区住户供应各种维护草坪的用品，如草籽、肥料、杀虫剂等。这个企业中的每一个人似乎都"知道"企业的关键活动显然是制造和销售。但是，当有人第一次问他们什么是关键活动时，每个人的回答却是各不相同的：研究美国郊区的消费者如何看待草坪及维护草坪；研究消费者的期望和认为有价值的是什么；把产品配套，以便代销商可以远销各地而不必再去"推销"；等等。没有人对这些感到奇怪——事实上这些全都是"明显的"关键活动。但是，直到那个时候，实际上没有人不辞辛劳地记下这些明显的关键活动，其结果是没有人对任一关键活动负责。其实，确定关键活动只需要很少的时间，而确定每项关键活动已列入企业的现有结构之中而且由现有的某个人负责，也并不需要很多时间。从那以后的年代中，该公司取得了迅速的成长和成功。他们把这归功于确定了企业的关键活动并把它们纳入管理结构之中。

——节选自《管理任务、责任和实践》

在这个例子中，德鲁克认为维护草坪公司的成功在于反思了"关键活动"，而他认为"关键活动"会在人们思考之后全都是"明显的"，只要有人记录并对其负责就可以了。

但是，为什么维护草坪公司的人员或其他公司的人员会对那些"明显的""关键活动"视而不见？德鲁克对这一问题没有进一步做出分析。

在我看来，一个公司之所以可以一直在一个区域存在，就是因为其为社会上一部分人群解决了某方面的问题，这些问题在过去是"明显的""关键活动"。但现在这些"明显的""关键活动"已经改变了，而公司没有人员能够把这些问题提上解决的日程之中。市场人员应当能根据当前顾客的心理，为决策者提供现阶段决策的心理分析依据，或者在决策允许的范围内，把当前顾客的心理需求考虑到市场计划之中。

在公司计划部门的研究对象中，设计需求一般来说是明显的，而市场需求很多时候是隐晦不明的。这需要决策与计划人员更多注意市场需求游移不定的经常性变化，这也就是我们常说的要有敏锐的市场观察能力。

我们将具有经常性变化特性的市场称为**行进中的市场**。

例如，现在，我们要做的工作是从顾客消费计划中找到多数顾客消费计划中的真正目标——草坪美化，根据这一真正目标分析顾客消费的特点。

也就是说，维护草坪这种服务的目标要与最新琢磨出来的市场目标——美化草坪结合起来，这样才能与当前顾客的需求一致。

顾客美化草坪的需求可以与我们的需求分类知识结合起来，从需求的分类来说这是一种精神需求。这种需求满足之后并不会像螺丝刀一样可以增加自己获得财富的能力。

这时，如果商家的产品具有草籽个大、饱满的特点，我们就可以这样宣传：漂亮的草籽可以让孩子们乐于播种，有什么比培养他们热爱自然、耐心播种更有意义的家庭活动呢？看到这样的宣传，家长们会乐意掏出更多的钱来购买草坪维护用品。

把顾客当前的使用目标与产品本身的特点联系在一起，减少无关目标的项目支出，就会得到顾客对产品的认可。

中小公司只要根据市场细分之下的现在顾客具体计划的特点，研究出与市场需求相应的产品，就可以在小的领域内满足消费，获得商机。

上面这家供应各种维护草坪用品的公司，之所以可以取得成功，正是因为了解了行进中的市场的特点，把当前市场的需要与公司产品的特点进行了结合，所以这家供应各种维护草坪用品的公司可以在小的领域内满足消费，占领市场。

公司组织：源头活水

公司组织部门分为设备部门、人事部门和资源采购部门。

在公司组织中，设备代表过去项目计划中智慧的沉淀，是执行高效率计划的资本增值源头，因此对于公司设备我们应当精打细算以节省成本。

在人事部门中，鼓励公司员工自发创新就是活力之源。均贫富，简单的公平理论收效都甚微，而健全的考核与保障制度却能让员工稳定工作。

在资源采购部门中，有关采购中存在的回扣问题，可以以项目为源头进行控制。而资源类公司的组织最好能以资源为源头为公司创新创造条件。

投资计划源头守则——美国农民的投资从 5 000 美元到 50 000 美元

管理大师德鲁克讲到投入与利润的关系时说："今日的会计师或工程师比起他们在农庄上的祖父生活得好，并不是由于他劳动得更辛苦。事实上他劳动得轻松得多。他之所以享有较好的生活也并不是因为他人更好。他同他的祖父、他祖父的祖父是同样的人。他能够劳动得这样轻松而得到的报酬又这样高，是由于在他身上以及在他工作上的资本投资比起在他祖父的工作上所花的投资要大得多。1900 年，当祖父辈开始工作时，平均每个美国农民的资本投资最多是五千美元。而现在，为了创造出一个会计师或工程师的工作，社会首先在学校和教育上要花五万美元的投资和费用。然后，雇主又要为每项工作再投资两万五千美元到五万美元。所有这些使得增加的、更好的工作成为可能的投资都必须来自经济活动的剩余，即来自利润。"

——节选自《管理任务、责任和实践》

德鲁克这种认为投资可以使人们过上更好生活的观点是非常

表面的。事实上，乔布斯、比尔·盖茨所获得的投资远远比不上沙特或苏丹的王子，但他们获得了巨大的经济上的成功。任何公司或个人的成功都是建立在其行动计划之上的，而对其计划的金钱投入只是一种资金的组织方式。

对于公司或个人来说，我们现在的行动计划就建立在过去的生产体系之上，或者说建立在前人有效率的生产计划之上。我们利用过去生产计划得到的一些现在生产用的计划原型就是一种传承，而改造前人的生产计划，并生产出一些更高价值的东西就是在创新。实际上，社会的各个系统都在不断进行着这种传承与创新。

至于我们表面上看到的"1900年，当祖父辈开始工作时，平均每个美国农民的资本投资最多是五千美元。而现在，为了创造出一个会计师或工程师的工作，社会首先在学校和教育上要花五万美元的投资和费用"，只是我们现有的生产体系执行的计划更富有效率，而预期会计师或工程师在这个执行计划体系之中必不可少，因此我们可以提供比过去更多的财富去培养这种人才。

所以，这个因果关系是我们需要会计师或工程师这样的人才，在社会计划中创造更多价值。因此社会在学校和教育上要花费50 000美元，而不是社会有钱了，大胆地花出50 000美元，社会自然而然地就会产生更多财富。

那就走向了盲目扩张的心态，认为投资必然会导致收益，所以很多采用这种理论的政府大量投资从而资不抵债。

而我们管理学要的是在现行计划中，我们有能力雇用高薪的会计师或工程师时，再促使社会在学校和教育上投入50 000美元。

同样，过去每个美国农民平均的资本投资最多是 5 000 美元，是因为当时美国农民执行的经济计划导致的经济效率只允许投资那么多。比如说在美国，农民没有用飞机播种之前，同样一片地如果只需要一台拖拉机，那么再多买一些拖拉机也是浪费。尽管几十台拖拉机与飞机的价格相同，但如果没有使用飞机播种的成熟技术，即使你投资一样多的钱买几十台拖拉机也是提高不了经济效率的。

结论是，我们之所以生活得比祖辈更好，是因为我们执行的经济计划更加有效率，同时我们有更多的投资，而不仅仅是因为我们获得了更多的投资。

每项投资都不是盲目的，而是要有其精神源头，我们把投资前的计划看成投资精神源头。我们把这个守则称为**投资计划源头守则**。

更多的正常投资是经济效率高的一种体现，庞大规模的公司只是说明我们的工作计划需要得到这些财物、人力的支持。

我们说公司的规模庞大时，经常会说其是一个大的组织。之所以组织在我们心目中可以代替公司结构的名称，是因为组织是公司实体存在的表现。无论是资源、工具还是人员，我们都看得见、摸得着，而决策、计划只是一种思考行为的体现。

组织体现了决策与计划的前期准备部分的水平。如果组织混乱或者没有条理，那么领导者即使可以鼓励员工勒紧裤腰带与公司同甘共苦，也只能在短时期内奏效，长时间没有财力支持的公司必然难以支撑。

对于小的公司或项目，可以让部门领导自己去采购，甚至去找几个兼职的学生来做帮手。但对于大型的生产与项目，集中采购与招聘就可以节省成本。

　　组织部门的设立本来就是为了更有效的管理以节省成本，因此不能纵容组织部门在计划之外独立计划，那样的话，会造成组织部门的权利过大。

　　传统的组织部门与其在组织中的职能并不一致，更多的是计划部门的组织设计人员与组织执行部门的联合体。

　　以传统人事部门为例，它既规划员工的工作时间、工作内容，又从外部招聘员工，以完成自己制订的工作计划。

　　人事部门既设计员工工作量，又从外部招聘员工，当然可以使人事计划与组织的要求较为一致。不过，对于公司的整体计划部门而言，其总体设计对人员的要求及其变化、人事部门的反应及人员的调动就显得衔接不上。

　　从传承与创新的角度来说，人在公司中的创新作用是最大的。在过去，一些员工除了被安排计划之内的工作外，还被领导者安排了公司计划之外的工作，有些工作甚至与公司发展无关。

　　如果人事部门要做人员调动，可能对这些计划之外的工作项目产生很大的影响。所以，人事调动总是困难的。为了人事调动，公司高层总是给予人事经理很大的计划之外的权利。但如果希望公司计划与项目可以顺利完成，就应当把计划与项目都摆在明面上，让组织部门对财物的分配按计划执行，而并非赋予超出决策—计划之外的权利。

　　采购部门与设备部门一样，如果能减少资源与工具的投入，公司管理层当然很欢迎，但是这些节省需要与整体计划兼容，以成功的项目例子为保障。

　　失去决策与计划制约的组织部门只会自我膨胀失去控制，从而为部门的巨大支出辩解，而不顾高经济效率系统的建设。

总结一下，不论是我们看到的庞大组织构成，还是巨大的财物投入，都应当以支持计划的完成为基础，把计划作为组织的源头，遵守投资计划源头守则，组织的各种行为才能理顺。

计算工具总体成本——万能扭转机的高昂维修费

我曾经在一个单位管理一种万能扭转机。这种扭转机是由电脑控制的，可以让人们直观地看到材料抗拉强度，并且完成对原料的扭转变形。

在我接手这种万能扭转机的时期，正值这种万能扭转机过了保修期没多久。以前这种万能扭转机坏了，打一个电话维修人员就来了。过了保修期之后，维修人员却报出了天价的更换部件的费用。比如一块手掌大的简单电路板报价 1 万元，一个传感器报价 0.5 万元。如果不维修，20 万元的机器就不能用了；如果维修，一次就是几万元的维修费。于是，单位就让我对维修的费用进行一次调查。

于是，我多次与万能扭转机的生产者——A 公司进行沟通，并仔细查看了机器的实际运行情况。发现提供万能扭转机的 A 公司其实只是一家很小的组装公司，其维修时用的部件很多都是临时外购的，所以导致其配件的采购成本十分高昂。

我又进一步了解了当年采购时几家公司的报价情况。A 公司确实比其他公司的报价要便宜 10%，而且产品主要配件都是日本原装的，应当说性能优良。并且自称保证及时维修，所以我所在单位才与他们签订了近百万元的定购合同。

但是现在几台机器一次中型的维护费用就差不多用去了 10 万元。

如何处理这样一个高昂维护费用的问题？

首先要看一下公司对于机器的定位，如果公司只是打算在保修期内使用这些机器，那么当然是在能及时维修的情况下，越便宜越好。

但是在保修期之后、报废期之前，公司还要使用这些机器的话，就要对这一时期机器可能出现的使用问题做预先防范。

一般来说，保修期之后、报废期之前的时间才是公司最主要的使用机器的时期。

现在就是要做出报废期之前可能更换的昂贵部件的价格列表。

一般来说，如果更换的昂贵部件在几个月内出了问题，生产厂家还是会免费更换的。

但是，一般厂家不会做出一张易损的或昂贵的部件清单，并把部件可保修的时效列在上面。把这些列在一张表格上，那么对于很多出售机器的公司来说，就会觉得把自己可能的暴利维护费用暴露在阳光之下。

对于采购设备的公司来说这却是十分重要的，可能比保修期里列的条件更重要，因为就如前文所说，采购方更长使用的时间不是保修期内，而是保修期之后、报废期之前。

类似的现象还有很多公司把赚钱留在保修期之后，如必须使用指定的昂贵的润滑油的机器、指定维修点的高档汽车、指定墨盒的打印机。

这些现象万变不离其宗，只要我们按以下公式进行测算，我们就可以知道这家公司的产品是不是我们采购时所需要的。

采购成本的正确计算应包括保修期外的维护成本。可以用下列方法计算：

采购成本＝标示成本+维护成本

维护成本＝保修期内维护成本+保修期外至报废期内维护成本

保修期内维护成本＝$\sum$易损件的正常更换+一般维护费用

保修期外至报废期内维护成本＝$\sum$配件寿命×配件价格+一般维护费用

我们把包含使用期内可能花费的维修、维护成本的工具成本称为**工具总体成本**。

设备部门所采用的设备往往需长期使用，除非采用与过去相同的设备，一般采用贵重的新设备就需要根据新项目的要求进行考查，因此设备部门的日常工作就是致力于维护与保持设备的持续使用。只有对生产厂家大型设备的主要部件的设计性能有了充分了解，才能在设备部件出现问题之前做好准备，并确定工具总体成本，为设备的选择提供有效的建议。

外部持续灵感刺激法——让一杯水永远保持高温

在我刚组建自己的公司时，有股东问我，如何让员工工作有主动性。我笑了笑，端起会议室里的水杯对他说，你知道如何让水杯里的水永远温热吗？

股东疑惑地看看我，说不知道。

我于是拿来装剩茶叶水的水盆，把一壶热水倒进去，然后把水杯放在水盆里。对股东说，这样水杯里面的水就不会冷了。

同时我告诉他，之所以员工会由新参加工作时的积极、主动，到工作数年后的主动性消失，那不过是因为他认为自己已经熟悉了这份工作，把自己的热情投入其他感兴趣的事情上去了。如果通过外部的刺激能够让员工知道：其他公司的员工是怎样提升工作效率的，那么员工就会回过头来认真地反思自己熟悉的这份工作是不是已经做得完美，从而使每个员工都能有不断主动投入工作的动力。

为什么其他公司员工的行动是最好的参照呢？

因为其他公司员工也做着与本公司员工相同的事，一旦他们的工作效率高于本公司员工，而本公司员工如果不奋起直追，那么就意味着公司可能由于员工的懈怠而失去竞争力，这对员工来说在心理上是很难接受的。同时，公司可能因为个别员工在某一时期落后于其他公司而调整他的工作岗位，这对于熟悉了这份工作的员工来说也是难以接受的。

当然，现代社会已经不是十四五世纪的小作坊式的生产方式，只要向街对面望一望就可以知道竞争对手的生产情况。高科技时代要想知道世界各地的生产者到底是用怎样的方式进行生产，更多的是通过参加展览会、市场调研等方法看到其他公司的最新产品，从而了解竞争对手是怎样在产品的质量、工艺、宣传方面下功夫，从而提升产品竞争力的。

当员工们看到其他公司的新产品，就可能启发员工的自发创新思维。如果需要公司支持，可以将问题直接发送到公司董事们的邮箱，让决策层知道员工们有什么样的想法。然后组成项目小组，项目创新有成果之后就可以实施计划创新。

其他公司员工的努力情况并不是经常可以获得，许多时候还需要公司内部制度形成的刺激。公司内部制度形成的刺激最简单的方式就是让一个职工在众多岗位轮岗。员工在一个岗位可能没有灵感，但在另一个岗位的刺激下就可能产生创新的灵感。

例如，一个汽车设计公司的设计汽车外形的员工可以在条件允许的情况下去设计汽车底盘。很多人可能认为这样做会引起员工的不和，并导致交接不熟悉引起的工作失误。事实上，所有设计都以初始的项目作为依据，只要认真查看，交接失误的可能性很小。

同时，多数公司已经在实行轮岗制，不过只是在员工不能在某些岗位胜任时被动实施。在本书的管理系统中，则认为这种轮岗制应主动实施。

当然，没有充分准备的轮岗制确实会引起交接这样一些问题。

那么，充分的准备是指哪些方面呢？

其一，在招聘某个岗位的人员时就应告诉应聘者，他所在的岗位是需要轮岗的，轮岗不仅可以使员工获得公司运作中更全面的知识，而且可以为他们以后出任高层的管理及技术职位打下基础。对于公司来说，也能在员工流失时不至于无人可用。

其二，轮岗虽然一般设置在一两年的时期节点上，但是在一些核心岗位或是难以掌握工作内容的岗位，仍可以少执行轮岗甚至不执行轮岗，这样可以使重要的岗位成为人们进步的目标，另外也使公司的核心技术不至于流失。同时对于一些老员工，在已经熟悉了几个岗位之后，可以不再轮岗，毕竟他们的学习能力已经大不如从前。

其三，轮岗必须在管理者、本岗位员工、轮岗员工都积极参与的情况下进行。如若有本岗位员工实在不愿意轮岗，可以询问具体的原因，如果他确实能在此岗位上做出提高经济效率的自发创新工作来，那么可以给他考虑更高层的管理或技术岗位。

当然，轮岗只是对于执行计划的员工，而对于做项目的员工则没有必要轮岗。过去，之所以轮岗制度在公司中很少实施，就是因为很多员工手中有项目，这时轮岗就会导致项目的中断。现在公司使用三阶梯创新理论之后，项目小组人员更加专业化，这也就为轮岗制度的实施提供了保障。此外，轮岗应当在相同部门中类似的工作之间进行。如果轮岗的职位变化太大，导致员工要花很多时间学习，就会增加员工的负担，使员工增加逆反心理。

通过学习外部公司的经验以及实施公司内部轮岗制，可以使员工保持在一种持续的新鲜事物的刺激之中，就有了刺激产生创新的可能性。我们把这种做法称为**外部持续灵感刺激法**。

采用外部持续灵感刺激法可以让员工不再只有头三年的工作主动性，而是长期处在有利于创新的环境之中，为公司的总体创新提供源源不断的新项目构思。

效果公平论——"均贫富"式的一则迟到处罚规定

我看过一位管理者写的书，里面的一个故事让我感触很深：公司人力资源部门行政主管制定了一份《员工奖惩制度》。其中，对于犯错员工的处置，实现了统一的处理标准，比如，"记过"处分，规定"罚款100元，扣除当月奖金"。这是表面的公平。

当然书中算了笔账："我们来算一笔经济账：对员工罚款100元，相当于罚了他两天的工资；而对主管罚款100元，却只是相当于罚了他一天的工资。这类经济处罚，从表面上看，数额相等，尺度一致，好像合情合理。但是，同样的处罚，当事人双方付出的代价却有着本质上的差异。拿低工资的员工，你罚他100元，他就要付出几天的义务劳动；而拿高工资的员工，也给予同等金额的处罚，他付出的代价就相对小多了，并未收到触及灵魂的惩处效果。"

如果把这条规则改成"'记过'处分，扣除两天工资和当月奖金。"其他类似的条款，也相应修改成不以具体的金额为标准，而是用统一的天数来衡量。不管他每天工资多少，只扣除相应天数内的报酬，这样就可以做到一视同仁，问题就解决了。

但这样真的就公平了吗？其实则不然。如果扣除高管两天的工资只是少喝两瓶酒，但如果扣除员工两天的工资可能其小孩上学的学费就不够了。这两天的工资对高管与员工的威慑效果不可同日而语。

所以，这种实质的公平，还是不公平。

有人问：怎样才算公平呢？

按员工行为的结果成比例获得报酬与处罚就是公平。与此同时，在工资发放上，按计划工作的员工，执行同一计划的各部分，应当按完成计划的量获得工资报酬。

扣工资之类的事完全不是人人要参与的好事，并不要每个人都去做的事有什么公平可讲。你偶然扔个烟头，引起了大火你就倒霉，没有引起大火你就没事。自然法则本身就是如此，每个成年人都应当为自己的所作所为负责。

为了不让员工扔烟头，我们把惩罚的标准定到什么程度？那就是要让你不敢随便扔烟头为止。

有人说，这样不符合普世的价值观，但自由经济就是按产品给付报酬的，公司之中也只能按这种规律办事。相同的工作成绩给予相同的报酬，给公司造成了损失，就应给予相同的处罚，这就符合了经济规律，这就是公司的公平。

我们把这种按效果评价公平的理论称为**效果公平论**。

在上面这个例子中，如果一个给公司开门的守门人迟到一小时，能与普通员工迟到一小时同样扣两天工资吗？明显不行，因为公司开门人迟到一小时，所有人都进不了门，都要迟到，这个损失就大了。

当然，员工所负的责任也只能是在合同期内规定对等收入的内容，如果超出月薪或年薪的责任，则不能由员工承担。因为招聘员工进入工作岗位就表示公司认可了员工的能力，所以超出员工薪水的责任应当由公司承担。

不过，有的管理者可能会忧虑：按成果确定奖罚可能带来一种表面的不稳定。

是的，两个同时进入公司的员工，如果 A 拿 1 800 元、B 拿 8 100 元，那么可能 A 员工会跳槽，造成公司不稳定。但是，也许 A 员工可以在其他公司的其他岗位上拿 8 100 元，如果你在这个公司让 A 员工拿 4 000 元，那么是让 A 员工在他不擅长的岗位上发展。

真正关心员工的成长，在于引导员工做他擅长的事。对于不适合自己公司的员工，也应当推心置腹地告诉他："亲爱的员工，你在这里的工作能力就值这么多钱，市区北面有家看上去很适合你的公司，如果你愿意，我可以推荐你去。假如你只是把这份工作当成临时的跳板，我们也很欢迎你暂时在这里工作，但是工资就只能是这么多。"

如果你能真正告诉员工这些，比让员工貌合神离、心神不安地在你的公司完成工作好得多。因为心神不安的员工说不定哪天就出了安全事故，岂不是害人害己了吗？

至于稳定的问题，公司的多数员工是在按计划工作，每年可以获得多少收入，在签订合同时就写得很清楚，按计划工作也不可能出现什么大差错。员工有什么理由不努力工作呢？

现在的管理类书籍，写得最多的就是，你要诚实、公平、有凝聚力、有进取心等。

其实诚实、公平、有凝聚力、有进取心这些做人的基本原则，确实是使人取得成功的必要条件。但是，过分地注重这些道德因素不会让人们的专业水平获得提升。

社会既需要道德高尚的人，也需要致力于提高技能的人。并且只要这些人在道德上过得去，在管理上能让公司的效率提高，那么公司就应优先录用。

我们要做的是管理好公司，开公司不是为了平均分配财富，而是应按效果取酬。

当然，公司里可以给员工以相同的发挥能力的环境与机会。让员工在公平占有资源的基础上，发挥自己的才能，以获得报酬。前面说的轮岗制就可以创造公平施展才华的机会。这就是既给予相同的基本条件，又按效果公平论分配报酬，这就是公平。

公司的财富分配应保证让有潜力的人最大限度地发挥自己的能力，以这种能力的成就向众人展示什么是他应得的，从而激励更多的人去努力工作。

设计部门的分离式报酬制——华为的标准螺丝现象

笔者在一家通信公司做过技术人员。这家通信公司那时在生产华为的外部设备，如机箱、机柜等。那时我们公司的技术人员与华为的技术人员关系不错，所以经常聊起华为设计部门的种种趣事。

当时很流行的一个话题叫作设计的标准化。标准化就是设计的每一个产品部件最好都可以通用，这样节省了研发成本与管理成本，这当然是一个很好的设计思路。

华为当时为此就有一个专门的体系来衡量设计的产品有没有更多地利用原有的标准件，这个体系叫作标准化率。

实行标准化率看上去是一个很不错的想法，但实际操作中很多工程师为了达到这种要求，一味地在产品中增加标准件，而产品中最容易增加的常用标准件就是螺丝。最后华为的一系列产品都存在一种问题，就是可有可无的螺丝全部装上。

由于这些螺丝的增加，设计师产品的标准化部件数增加了，部件的标准化率也增加了。设计师完成了设计标准化率的指标。

对于华为公司而言，产品的研发、管理成本不但没有减少反而增加了。

为此，华为只得专门出具了把螺丝从标准化部件考核中除去的文件，但事情还是没有完。

很多工程师把原来可以拆开几个部件生产的非标准化件，变成工艺极为复杂的整体件来设计以减少非标准化件。

对于通信设备的非标准化件，大家可能不太了解。这里我举一个日常生活中的例子来说明。

以一个不锈钢杯子的设计为例，杯子由两部分组成：一个是杯身，一个是杯把子。一般来说，我们都是先设计好这两个部件，再把它们焊接起来，但这样对于华为的工程师来说就有两个非标准部件。

这时，工程师为了减少非标准件的数量，就把杯子一次成型，这时候非标准件的数量就减少了，杯子还是那个杯子，但杯子的制作难度增加了许多倍。反而给下游的生产部门带来了麻烦。

后来据说华为对标准化率的要求也没那么严格了。

从华为给设计部门制定标准化的要求来看，其中部分设计部门的员工为了达到上级要求，而把产品设计的思路引向不利于公司、顾客的方向。当然，有人会指责员工的素质低，但是公司强行下达的任务使技术人员难以完成，管理上的漏洞也是技术人员投机取巧的原因。

对于技术人员投机取巧的现象，管理者应该如何看待与应对呢？

设计人员不同于体力劳动者。体力劳动者使出的力量与自然力的效果是一致的，所以一般来说可以用自然力衡量。如一个挖煤工人，挖起一铲煤是可以用重量计算的，我们可以清楚地看到其一天的工作量。但脑力劳动者其大脑内部的工作量无法从物理学的角度去衡量。

这一点，从多数公司对脑力劳动者采用的考核标准就可以看出。主要有两种类型：

项目型。这种类型是指员工为公司每年完成多少项目，公司就付给员工多少工资。如果老板对项目不满意，或者员工对老板不满意，大家就散伙，但是这样员工的流动性就太大了。所以，这种类型只适合于小公司。

时间型。这种类型是多数公司对于设计人员的考核方式。技术人员在公司上了多久的班，就算基本考核合格。当然，这是基于公司上级布置的任务基本可以完成，完不成任务就会受到批评。作为脑力劳动者，做得好被人表扬、奖励还是很有成就感的。所以，他们也是愿意动脑筋的。

当然，时间型定酬实际上是按完成的计划定报酬，员工的主动性肯定不如项目型，但它的稳定性远超项目型。

对于公司来说，要同时拥有按时间型与项目型获得报酬的脑力劳动者。

对于完成自发创新、项目创新的员工都给予对应项目完成份额的奖励。而在他们完成项目工作后，让他们回到按时间定报酬的方式，可以保障员工的稳定性。

而对于计划创新的员工，应按时间型来核定报酬，只有这样才能保障计划部门员工的稳定性。

我们把计划人员按两种不同工作内容取得酬劳的做法称为**分离式报酬制**。

一旦决策要实施项目，项目组要把自发创新的项目中被认为有效的生产方式最终移植到大规模的组织体系之中。

其中，现有的组织中使用的技术都是已知的，或者有过很多移植的成功案例，而项目创新是经过审核有效才实施的，因此也是可以预期的。从这两方面来说，计划部门的领导者对项目的实施中各种技术应用的工作量是可控的。

以这个可控的工作量为指标，对超额完成工作量的脑力劳动者进行奖励，对于工作量完成少的脑力劳动者适当调整工作量或者岗位。这样，时间型公司计划人员也可以依照决策按项目进度完成工作任务。

从华为的标准螺丝现象可以看出，技术人员工作量的核实最重要的还是分清创新与传承的界线。只有实施分离式报酬制，采取技术人员类似市场销售人员按业务提成的激励措施，才能让技术人员发挥主观能动性。

幸福经济平衡原理——赖因计划新解

瑞典的制度是由一位工会领袖戈斯塔·赖因（Goesta Rekn）于 20 世纪 50 年代早期制定的。赖因当时认识到，瑞典必须改变工业结构和经济结构并缩减工艺技术低和生产率低的传统工业。他同时也认识到，必须给工人以保障。按照瑞典的制度，各产业部门和各公司并不被鼓励去维持现有的就业人员——这同其他绝大多数西方国家所喜欢采用的制度形成了鲜明的对照。相反，瑞典的制度鼓励各产业部门和各公司去预计由于技术发展或经济变革有多少职工可能多余，同时又要求各产业部门和各公司预计在未来需要增加多少职工以及所需的技术。这些资料都送交赖因委员会。这是一个由政府、雇主和工会三方派人组成的半官方、半私营的组织。然后由赖因委员会为多余的人员支付其收入，训练他们，为他们找新的工作并安置他们。如果需要的话，就把这些多余人员迁移到一个新的地方去，并为他们支付路费。

瑞典的经济改造在很大程度上应归功于赖因计划。直到 1950
年以前瑞典的绝大部分国民还认为自己的国家只是一个不发达的
国家。其劳动力的大多数受雇于低生产率和低收入的活动中。二
十年以后，瑞典的工艺技术已属于世界上领先国家之一，而其生
活水平则仅次于美国。比起其他国家甚至包括日本来说，它的劳
动力中有更大的比例从一种职业改为另一种职业，而很少发生混
乱，对变革几乎没有什么反对，职工极为愿意接受新技术和学习
新事物。

　　——节选自《管理任务、责任和实践》

　　在新技术推广的过程中，我们所知的最大障碍就是失业的困
扰。这种失业不只是操作人员的失业，还有技术人员与管理人员
的失业。这种失业也不只存在于一个公司或者一个行业之中，而
是存在于整个社会中，甚至政府公职人员都会因为新技术而失去
原有岗位，投资者也会无端地因为别人使用新技术而血本无归。

　　虽然新技术在每个人一生之中降临到个人头上的机会并不
多，而降临之后要改变工作岗位的人也并不多，但是面临失业带
来的威胁比一个凶恶的雇主更可怕。新技术的降临会没有选择地
使各类原有岗位的人失去工作，不论精明领导者或者受欢迎的老
员工，都会因为其他人推广自己一无所知的东西而失去工作。

　　失去工作则意味着人生的计划被打乱。这种打乱甚至比员工
因为竞争失败而被解雇更危险，因为他所在的行业从根本上衰败
了，他的技能不再有用武之地。如果这时员工们上有老下有小，
还要偿还各种贷款，那么这时员工真是欲哭无泪了。因此，在一
般国家的一般行业之中，只有年轻人可以勉强接受新技术的推

广，而中、老年人是坚决反对的，不是他们不想行业更有活力，而是他们经济上的计划不再容得下巨大变化。

一旦一种新技术的推广可以代替部分原有工作者的工作，导致员工人数减少，那么这项技术将遭到几乎所有在岗位上安稳舒适工作者的反对，因为这种"厄运"很可能会降临到他们头上。让他们在舆论与道义上接受创新技术带来的挑战，就等于让他们永远生活在恐惧之中。

也许这种恐惧很多时候是多余的，但确实让人坐卧不安。一位瑞典工会领导用了一个很好的比喻来说明这一问题："请注意，哪一位母亲在夏天都担心她的孩子会得小儿麻痹症。但从统计上看，得小儿麻痹症的孩子很少，比得其他病的要少得多。我们都害怕失业，正好像母亲们害怕她们的孩子得小儿麻痹症一样。这种担心使我们处于瘫痪状态。其原因正好像母亲们一想到小儿麻痹症就极为惊慌一样。因为，虽然很少发生，但这些事例却是不可预料、神秘莫测、带有灾难性的。"

瑞典人在这方面做了很好的尝试，并取得了巨大成功，这使瑞典人可以接受新技术的推广，并使这个国家各行业的经济效率稳步提升，进而成为一个发达国家。

由于失去工作对于一些人来说已经相当于危及生命，所以政府在其中起一定作用并没有什么不妥当。不过，一旦由于技术创新而产生的失业人口可以得到稳妥安排，那么政府就应当退出像赖因委员会这样的组织。

赖因委员会只是一种很有益的尝试，这种尝试在地广人稀的瑞典成功有着很多偶然的因素，即瑞典有足够的土地以及资源交给那些因创新失去岗位的人员。

按《幸福经济学》中的理论，食物产品、卫生产品、文化产品、娱乐产品、方便产品都是人们正常需求的产品，其中只有方便产品的生产可以提高人们的工作、生活效率，减少人们的劳力投入。我们所有使用科技提高效率、减少员工劳动的创新都是方便产品的创新。而其他方面的创新，如卫生产品、文化产品、娱乐产品、食物产品的创新都需要投入大量人员。因此，只要能保持方便产品创新与其他产品创新的平衡，使方便产品创新而失业多余出来的人员正常地流向其他产品的生产，那么失业的问题就可以迎刃而解。

我们在前面说过社会中存在着创新与传承两大势力的交锋，这两方面的工作都是必要的，也没有谁对谁错之分。创新者一般会得到更多的报酬，这也是应该的。创新者们既然获得了更多金钱，那么对食物产品、卫生产品、文化产品、娱乐产品的要求也会更高，就需要更好的食物产品、卫生产品、文化产品、娱乐产品来满足他们。因此，相应的就业机会就多。

由于方便产品与其他四类产品的供应平衡的概念来源于《幸福经济学》，因此我们把这种供应平衡称为**幸福经济平衡原理**。

创新成功的公司高管们退休之后或利用休闲时间可以考虑解决一下社会问题。因为，一方面只有他们有钱需要花，另一方面他们理应在食物产品、卫生产品、文化产品、娱乐产品方面得到更好的改善。光是人们对寿命增加的向往，就会让卫生产品的需求永无止境，投入多少金钱人们都不会嫌多。而创新者们有大把的金钱，完全可以用来促进失业者重新就业。

世界巨富比尔·盖茨、巴菲特都有把金钱捐入慈善基金的做法，这种慈善之举并不是最佳的金钱流向，因为它可能会导致社会上部分人专营不劳而获。真正的善举应当像赖因计划一样，不是单纯让失业者领救济金，而是提供新的工作岗位。

比尔·盖茨、巴菲特都是在自己的领域有重大创新并取得成就的人，但他们在卫生产品上却没有享受到重大的福利，像乔布斯这样英年早逝与卫生技术的不发达有必然关系。如果能创立基金会，把失业者引入卫生产品的构思及研发、生产之中去，我相信在他们的有生之年都可以享受到更高档次的卫生产品服务。当然，在娱乐产品、食物产品、文化产品方面也可以成立类似的基金会。这些基金会可以根据每年失业的人口，创建一些工作岗位，以便全民都可以就业。卫生行业的基金会与政府创办的公立医院不同，应当由真正对卫生产品重视的人士组成，有更多自由的创新之处。

我们对于工作不努力者的相应措施是减少他们的收入，让他们难以享受到高档的食物产品、卫生产品、文化产品、娱乐产品和方便产品，而不是使他们失业。

赖因计划是一种尝试，那就是在员工失业后是给他们救济金，让他们不劳而获，还是通过重新安排就业，让他们找到新工作。赖因计划在两者之间做出了选择，即利用瑞典丰富的资源，让员工们到新岗位就业。这与英国在大航海时代利用美洲殖民地解决失业人口去向，从而取得技术不断进步，成为世界强国有相似之处。

品德遗产捷径——杜邦公司和西门子的道德捷径

很多人把自己成功创业的过程写成了书，说自己如何厉害，自己如何白手起家。实际上，取得成功的公司绝大多数在初期要依靠家族成员，至少要有婚姻伴侣的支持，事业才能有所成就。在家庭成员中寻找合作伙伴往往在一开始是最便捷的创业路径，很多人对家族公司的质疑往往是在公司形成规模之后。

　　家族企业超过一定的规模以后，若想能够继续发展，就必须能够吸收并保持第一流的不属于家族成员的人才。这里指的家族成员甚至包括招赘进来的人。（杜邦公司在采用招赘办法上，甚至比日本人更为成功。虽然杜邦家族招赘进来的人，即同杜邦家女儿结婚的人，并不改用杜邦的姓氏。）家族企业如果要使自己长久存在下去，最好仔细考虑一下（而且要早一些），需要做些什么才能使得家族以外的人能够同"统治家族"一起生活和工作。

　　其规则是相当简单的——杜邦公司和西门子公司在多年以前都已把这些规则制定出来。在家族成员中，只有那些从其本身的条件来看够得上担任高层管理职务的人才能留在企业中。在一个家族企业中的家族成员，不论他的职衔和级别如何，甚至也不论他担任什么工作，都拥有一种权威和权力的地位。他作为当权者的儿子、兄弟或姻兄弟，有一条通向最高层的内线。不论他的级别如何，他都属于高层管理成员。如果他不能以自己的品德和成就赢得作为高层管理成员所应有的尊敬，他就不应该在公司中工作。

　　——节选自德鲁克《管理任务、责任和实践》

　　德鲁克对家族公司的做法进行了归纳，不过并没有仔细分析家族公司行为的逻辑合理性。

杜邦公司和西门子公司的办法简单明了，就是只把优秀的家族成员留在公司。这样减少了家族成员在公司之中的人数，不会引起复杂的人际关系。如果是庞大的集团公司，最好让家族成员去不同子公司。这样，还可以低成本地完成一些需要更多信任成本的工作，从而降低公司的成本。

事实上，家族公司的"家族"前缀就是以家族联系减少运行的成本。因此，家族公司是小公司兴起中具有重要作用的一种形式。这是因为家族成员之间一般具有相互的信任与了解，在执行一个计划中，信任可以使控制的成本降低。了解可以减少人力资源选择的成本，优秀的人才要想被公司留住绝对不像有价的工具与资源那样简单。

例如，公司一位普通业务员给客户发一件贵重的货物，公司管理者可能会到场指导，因为害怕业务员不能将贵重货物包装好，以致不能完整地发到客户手中。如果这位业务员是你的儿子，那么你只要叮嘱一下就可以了，因为你们之间有充分的了解与信任，这样一件简单的事可以给你节省一小时的时间。在公司产品的竞争阶段，也许一小时的时间就能让公司的产品比竞争对手更早地推出。

因为信任，所以家族小公司会表现得比较团结。团结主要表现在对待外部竞争上，家族成员在共同的项目上往往会有钱出钱、有力出力。这就降低了推销决策成本以及获得各种资源的难度。

家族公司会由于家族关系对一些理念产生共鸣，而且家庭的产生本身就是为了一种传承。如果这些理念比较先进，会使家族公司可以比由陌生人组成的公司发展得更稳健。

完全的家族公司一般是小公司或者是只有少数由公司总经理亲自负责项目的公司。如果一个公司具有庞大的计划以及有更多的项目，那么家族成员在进入这些计划、项目时，就会因为亲情的缘故可以不按计划的进程来实施计划与项目，这对计划与项目的危害是巨大的。因为这会使人们争相与上级搞好关系，特别是那些家族成员。工作既然拖一天可以不受指责，那么拖两天的人也只比拖一天的人多拖一天而已，为什么要受到指责呢？

家族公司一旦想进行多个项目，其难度就会突然加大。

难度加大起因于我们必然选择一些人做一些大家都看好的项目，而选择另一些人做一些艰苦而必要的项目。这是对亲情的一种挑战，不可能按亲人的亲疏远近来分配工作，再疏远的家族成员都会认为，我们是一家人，那些艰苦的项目应该由外人来做才对。甚至会说家族已经创业成功了，家族成员应该坐享其成才对。家族内部一些扯不清楚的小事，如因为一天早上没有打招呼都会成为执行公司工作计划时的话题。如果公司内部一旦专注于这种人情关系，而不是依靠完美执行计划获得奖励，那么整个公司的决策、计划体系就会解体。

大公司之所以可以长期存在，是因为其有核心计划可以帮助其子公司或公司新项目高效率运作。决策与制订核心计划都需要非凡的见识与才能，如果非要把才能普通的家族成员安排在核心计划的决策与制订位置，那么就只能使核心计划缺乏竞争力。

杜邦公司和西门子公司把品德看成与成就相提并论的东西，是因为在公司项目上取得成就是在整个市场上与人竞争，实在太难了。品德这种概念只需要在公司中比较就可以了，对于熟悉公司文化的家族子弟来说，其比较范围就小得多，所以品德实际上是公司家族高层给后代留下的一条捷径。

我们把大家族公司的这种进入高层的捷径称为**品德遗产捷径**。

可能有人会认为品德遗产捷径不公平，但一些大家族严谨的家风、一丝不苟处理问题的传统以及家族荣誉都需要形成一些家族传承的小氛围来保护。这些传承的延续对我们坚定地执行契约精神这样一些基本的公司理念具有一种象征意义。

子项目的当地人原则——曼佐尼博士的拒绝

在一家以美国为基地的多国公司的整个管理集团中，大家公认，最能干的人是意大利分公司的经理曼佐尼博士。曼佐尼最初为这家公司所知时，是代表被这家公司买下的一家中等规模的意大利公司所有主的律师。美国总经理对他的印象很好，所以在几年以后，当意大利分公司发生麻烦时，就要求他来接管它。曼佐尼接受意大利分公司后迅速地使之成为意大利同业中的领先企业。当欧洲共同市场成立时，他计划并实现了该公司在整个西欧的扩展，找到合适的企业收购对象和合伙者，为新公司找到管理人员，培训他们，并使其意大利总部全心全意地经营着该多国公司在欧洲的各家分公司。当该公司的美国总经理年老要退休而需人接替时，人人都想到了曼佐尼。但曼佐尼直截了当地拒绝了。他说："我的几个儿子正在上高中，我不愿他们移居国外。我的妻子有着年迈的双亲不能离开。而且，坦白地说，我认为在美国中西部的一个小城镇中并不太舒服，不像罗马这样有吸引力。我知道，我能胜任你们要我担任的职务——而且这项职务很吸引人，远超过我最大胆的梦想。但是，对我来讲，这项职务还是不合适的。"

　　——节选自《管理任务、责任和实践》

　　如何留住跨国公司的人才，传统的观点是为各种国籍的管理人员提供均等的机会，但实际上这是不可行的。

　　对于曼佐尼这样的本地人来说，离开了东道国的环境，其领导及管理的能力就会大打折扣。因为他们既没有了熟悉的团队，又要重新适应母公司的管理环境。

　　但如果让曼佐尼这样能干的本地人留在当地子公司，在跨国公司中就有这样一个问题：资质平庸的跨国公司下派人员，管理那些管理能力杰出的人才。

　　德鲁克又举了一个例子："一个大制药公司（不论它是美国、瑞士、荷兰、英国或德国的公司）在拉丁美洲一个中等国家（如哥伦比亚）中的分公司的经理，在该国中必然是一个大人物。他所领导的公司可能是该国最大的制药公司，雇用的人、特别是受过教育的人，可能在该国是最多的。在这样的国家中，卫生保健是（而且应该是）政界和政府关心的一项重要项目，担任分公司经理的人最好是一个有相当地位的人。例如，在这样的拉丁美洲国家中担任制药分公司经理的人，有几个在进入工业界以前是该国大医学院校的校长，有几个做过卫生部长。"

　　——节选自《管理任务、责任和实践》

这种管理能力上的不同使跨国公司的下派人员往往在分公司处于劣势，这种劣势是天然形成的，即使给他再大的权利也没用。

在传统的管理理论中这就陷入了一种死局，一方面我们要招聘东道国公司的优秀人才，另一方面我们下派的管理人员又无法管理这些优秀人才。

不过，如果用本书中大公司的管理方法，我们就可以轻松地解决这一问题。

跨国公司是把创新由母国带往输出国的，而不是要在输出国创新出新的项目。

母公司外派的人才只需要掌控母公司的计划有没有被认真地执行即可，而在东道国子公司的那些优秀人才可以执行一些与计划不相冲突的项目。

通过子公司本地管理者的独立项目，可以使母公司的计划更加融入当地社会，进一步降低母公司计划实施的成本，增加收入。

因此，两者之间并没有权利使用相交集的地方，各行其是，就不会产生管理及执行上的冲突了。

我们把总公司核心计划以外的子项目在分公司由当地人才主持的做法称为**子项目的当地人原则**。

当然，像曼佐尼这样的人才，如果工作方法确实有独到之处，可行的办法就是从母国派出本国培养的优秀团队到输出国去培训，从而掌握一些重要的项目与计划执行的技巧。既然曼佐尼这样的本地人无心更高的职位，那么其配合传授一些有效的项目与计划执行的技巧是有可能的。

不要想把公司办成一个联合国。对于公司经济效率问题，跨国公司就只能扮演互通有无的角色。创新项目依靠输出国的分公司是不长久的，迟早会被输出国的子公司推翻。如果子公司确实有优秀的人才想独立创业，在创业之初他们总是需要资金的，这时公司投资成为创业者的股东之一就是不错的选择，一样有可能得到高经济效率的回报。而不能奢望员工的所谓忠诚，并把公司的利益永远凌驾于员工利益之上。

认清跨国公司的计划输出实质，使用好子项目的当地人原则。当地优秀人才只要有创新项目可做，就会因为有项目运作空间而愿意为公司出力了。

跨国公司的项目变现预期法——哪家银行应得到奖励

纽约银行在日本的代表开辟了一项业务，为银行找到了一个新的大主顾，但在其损益表上却无反映。伦敦分行承担了全部的工作，但在其账簿上却表现为债务。而法兰克福分行，只是因为有一笔可用的多余马克，这笔买卖的全部收益就归在它名下。传统的奖金政策大大地奖赏了法兰克福分行，惩罚了伦敦分行，而对东京分行完全置之不理。

——节选自《管理任务、责任和实践》

哪家银行应得到奖励？德鲁克说，在传统的管理理论之中，在多国公司经理的工资报酬问题上，至今找不出一个成功而行得通的政策。

跨国公司外派员工薪酬如果发放不当，会产生不良后果。对于母公司来说，外派管理人员可能在母公司只是一位中层管理者，但由于外派，其薪水可能高过一些高层管理者。这就会使得一些人感到不满。而对于子公司来说，如果母公司派来的管理者不能独立完成一些项目，而薪水高过那些每天忙碌于一些日常项目的本地人，也会引起东道国管理者的不满。

最极端的例子是被派往欧美工作的日本经理人员。在纽约或杜塞尔多夫的日本经理人员所拿的工资，如果按美国或德国的标准来看是低工资，但按日本的标准来看是高工资。当这位在工作中取得成绩的日本经理人员经过五年左右回日本被提升担任一项高得多的职位时，收入常常必须减少一半或一半以上。

如果跨国公司派来的管理者是为东道国带来跨国公司计划的人，他的工作能使跨国公司可以在东道国站稳脚跟，并且按计划可以盈利，那么这位外派者就是新项目的实行者，无疑他是应当拿一笔很高的项目补助工资的。

如果跨国公司已经站稳脚跟，再派到东道国的管理者就属于计划的执行者，那么他就应当拿当地计划执行管理者的薪水。当然，如果当地的薪水低于母国的薪水水平，那么这个职位可能就很难招到人。考虑到每个人薪水的一部分是用来做存款与投资的，所以应当把那部分用来存款与投资的薪水按母国的薪水水平来发，其余部分按当地薪水水平来发。

除此之外，由于外派分公司代表了母公司的形象，这种重要岗位还需要设置奖金以吸引优秀的人才。这些奖金一旦离开了东道国工作就不再享有。

另外，就是一些分支新项目按计划实施的报酬，除了建立跨国公司的项目之外，还有许多项目可能需要一些年限才能实现盈利。这种项目需要对年限与可行性进行评估，以确定这些项目的价值。

按本书的理论，把项目与计划分开来管理，可以给分公司正在进行的项目予以估价，这种估价可以按项目完成之后，保守的收益年限乘以收益数目进行计算。当然，也有一些项目可能会亏损，这些我们都可以在损益表上估算。这样，在上面多国商业银行的例子中，纽约银行在日本的代表开辟了业务就会受到奖励。

我们把子项目的未来可能损益计入收益表的做法称为**项目变现预期法**。

损益表可以用来计算公司经济效率并反映我们工作的效果，过去我们难以估量员工工作的价值只是我们没有分清项目与计划执行的不同之处，也不懂计算时要采用项目变现预期法。在把跨国公司外派员工的计划工作内容按计划工作评定计算时，其项目工作内容按项目变现预期法计算清楚之后，对其薪水收入的确定也就水到渠成了。

避免回扣的道德附属职能——发现采购人员的政治家血统

让我们先来看看采购人员的工作方式：

掌握着大笔钱财的花费大权，像政治家们一样看守着国库。

掌握大笔钱财而被要求诚实，像政治家们一样被要求身家清白。

接受着供应商的大量奉承与讨好，像政治家们一样有大量官僚谄媚。

必须面对计划与生产人员的质疑，像政治家们一样要面对国会与民众的质疑。

面对质疑他们总是要与质疑者们拥有良好的关系，像政治家们一样要八面玲珑地面对质疑者。

这么一比较，我们居然发现：原来采购人员有政治家的血统。

毫无疑问，我们对采购这一职业有着与政治家一样的高职业操守要求。从这一点来说，采购人员的道德要求是很特殊的。

对于普通员工，只要员工在工作时间内不做违反工作计划的事，那么员工就不会有时间形成对其他员工的道德影响，甚至会在工作中养成遵守契约的美德。

对于项目部门的员工，我们需要的是他们的创造能力，只要他们能够成功地设计出我们需要的产品，那么我们对这些人道德上的不合乎常识的东西是可以容忍的。毕竟一个人的思想是具有一致性的，想要他在科学文化上具有创新思想，就很难拒绝他们在道德上异想天开。只要在法律允许的范围内，道德的标准也是随着社会的进步而改变的。当然，我们的法律与道德绝不是越来越宽容，而是越来越智慧。

本书认为：在公司工作的员工并不需要有多高尚的道德，但是要有基本的道德水平。而作为采购人员，不吃回扣，抵制住额外收入的诱惑是更进一步的道德要求。

我们把道德要求更高的职能工作称为**道德附属职能**。

如果让懂采购专业知识而不具备基本采购道德的人担任采购

工作，无疑是在纵容人犯罪。因为采购这种职能是道德附属职能，如果不能认清这一点就像选流氓做政治家一样会造成灾难。与其这样，不如选亲戚来担任采购工作，至于采购方面的知识，可以通过学习慢慢提升。

对于新成立的小公司来说，要想在人海中找到一个道德令人满意的采购经理，人力资源成本是非常高的。因此，利用一下身边的亲友资源，是一个非常合乎成本的选择。正因为具有这种合理性，所以采购工作往往由亲戚承担也成为小公司的现实情况。

在公司具有成熟的计划之后，再雇用职业采购经理人来管理采购工作，这时大多数的工作都在计划之内，吃回扣的问题就会很容易被发现。而这时亲友则可担任大型项目的采购任务，继续为公司的创新出力。

亲友们天然就有了道德附属职能要求的道德因素。就像一个成熟的政治家不会向对手坦白一切一样，我们对这些亲友采购人员不要奢求过多。采购人员就像政治家，我们的社会创新主要并不靠他们，重要的是他们可以在利益诱惑面前守住道德的底线。

资源所有者困局——康宁公司凭什么发展得好

资源行业在十九世纪的工业发展中是领先的行业。从其产量来讲——更不用说其资本投资了——它们目前仍在猛烈地增长。但它们的产品已经成为"日用品"，利润并没有远远大于成本。其原因显然在于由其技术决定的市场的多元化。

唯一的例外似乎是石油工业。但石油工业是市场集中的一种工业。石油工业的大部分产品是最终用途极为有限的燃料：海、陆、空发动机所用的汽油和柴油燃料和发电厂所用的燃料。从经济上说，石油工业是一种同原料供应实现了后向一体化的一种"市场推销工业"。

但是，即使在真正的材料工业公司中，也有一些取得了很好的成绩。这些公司表明了可以做些什么以及如何做。

一个出色的例子可能是美国的一家玻璃制造公司——康宁玻璃公司。该公司的市场包括多个方面，从作为最先进的科学之用的特种玻璃到五金店和超级市场销售的大众用的玻璃器皿，还包括电视机的显像管等。所有这些，全都以一种共同的技术——玻璃制造——为基础。

康宁公司在1971年的销售额为六亿美元，职工人数为三万人，虽然同石油、钢铁、制铜等材料工业中的巨人比起来只是一家相当小的企业，但在玻璃制造领域中却是一家很大的公司。而且，从盈利和成长速度来讲，远比绝大多数的材料工业企业快。

——节选自《管理任务、责任和实践》

资源类公司之所以在过去收益巨大，而在第二次世界大战之后利润平平，主要是因为自然界的可用矿藏的归属问题。

一旦一个地方发现了稀有的矿藏，那么就无法拒绝当地人入股，而当地人的亲友会来到矿藏进行相关的工作，几十年后他们也成了当地人。社会力量就会要求重新划分矿藏的所有权。如果再次分配后利润率还是很高，那么所有的当地人会像地主一样雇用亲友甚至勤快的外地人，几十年后这些亲友与外地人将变成本地人，再来重新要求划分矿藏的权利。直到最后，矿藏需要供养的人太多了，以至于利润率与普通工作一致。

我们把再丰富、珍贵的资源也会由于所有者自然增加而导致贫瘠的现象称为**资源所有者困局**。

可以说矿藏经营者的经济效率与普通公司经营者的经济效率是一样的，都是新发现一种矿藏或新发现一种采集技术时，经济效率是最高的，而以后只能以市场的平均利润率经营。如南非这样一些国家虽然拥有大量黄金、钻石资源，但是由于人口容易膨胀，所以难以致富。而如瑞典、俄罗斯这样一些北方国家，其人口数量由于气候原因天然增长缓慢，一旦有了更先进的工具或技术使用其天然资源，很容易变得富有。从某种程度上来说，这些北方国家有更多资源来实现创新是他们容易变富的原因。

康宁公司以及一些石油公司之所以经济效率高，不是因为它们公司的多元化，而是因为它们下游公司的技术龙头企业不断进行技术革新。现代技术领域最关键的镜头、光纤、显示屏都需要玻璃，石油更是各种塑料材料不可缺少的原料，以石油为原料的化工厂为了能提供更先进的塑料原料不断进行着技术改革。这些新技术很多时候是上游高科技公司免费提供给康宁公司以及石油公司的，与之对应的就是康宁公司以及石油公司的高经济效率。

了解资源类公司必须依靠相关行业内公司的技术创新才能获得高额利润的事实，可以让采购部门从两个方面做工作，从而为公司节省成本，以求突破资源所有者困局。

一方面，让本公司成为创新型的公司，一旦公司创新成功，就等于为资源公司提供了新的使用渠道。不过，这种创新不是采购部门可以左右的，只能是给其他高科技公司的项目部门与自己所在的资源公司密切合作提供渠道，采购部门起穿针引线的作用。

另一方面，密切关注行业内使用该资源的创新情况，对可能大规模使用资源的情况进行预测，从而在该资源升值之前，进行一定量的储备。与这种情况相似的状况是，一些创新使某些资源贬值，从而会使公司使用的资源成本下降，这时要避免签订长期合同。

公司领导：水到渠成

领导部门分为生产人员的领导与销售人员的领导。

由于过去公司管理之中系统理论不完善，如泰勒的科学管理法、X 理论和 Y 理论都存在难以广泛应用的问题。甚至领导者工作内容不清晰，使管理者不能解决下属比领导薪水高这样一些简单问题。

本书从领导者找准员工心理平台出发，引导员工了解公司设计相较于员工个人想法的优势，让员工从心理上认同工作计划、遵守计划，以便水到渠成地主动执行计划，并应用员工自身信息反馈机制提高员工执行的自我控制能力。

泰勒天花板——泰勒的科学管理法为什么受到抵制

泰勒是美国著名的管理学家、经济学家，被后世称为"科学管理之父"，其代表作为《科学管理原理》。

核心理论：

管理要科学化、标准化；

要倡导精神革命，劳资双方利益一致。

泰勒对科学管理做了这样的定义，他说："诸种要素——不是个别要素的结合，构成了科学管理，它可以概括如下：科学，不是单凭经验的方法。协调，不是不和别人合作，不是个人主义。最高的产量，取代有限的产量。发挥每个人最高的效率，实现最大的富裕。"这个定义综合反映了泰勒所表达的科学管理思想。

具体操作上就是对工人操作的每个动作进行科学研究，确定操作规程和动作规范，确定劳动时间定额，完善科学的操作方法，以提高工作效率。

对工人进行科学的选择，培训工人使用标准的操作方法，使工人在岗位上成长。

制定科学的工艺流程，使机器、设备、工艺、工具、材料、工作环境尽量标准化。

实行计件工资，超额劳动，超额报酬。

管理和劳动分离，等等。

从理论上来说，泰勒的管理与劳动分离的理论和本书的决策、计划与执行分层次的理论相当类似。对工艺、机器、设备、材料的标准化，也与本书的计划生产相一致。应该说，泰勒的理论在当时是相当先进的，但是泰勒的理论遭到了众多员工的反对。还受到包括工会组织在内的人们的抗议。例如，一位名叫辛克莱的年轻人写信给《美国杂志》主编，指责泰勒"把工资提高了 61%，而工作量却提高了 362%"。

为什么泰勒的理论有利于经济效率的提高，却遭到员工的反对呢？

这主要是因为他对人性的理解不够。

泰勒认为：科学的方法就是找出标准，制定标准，然后按标准办事。而这一找出和制定标准的工作就由专门的人来负责，因为不论从哪个方面讲工人都是不可能完成这一工作的，所以必须把计划职能和执行职能分开。

但人们在工作时总是希望有所突破与创新。这一点是人的本性，因循守旧、在与大自然的争斗中不思考突破的人早就被淘汰了。

一些老技术员工最大的乐趣就在于能在众人面前表现只有他一个人可以完成的技术绝活。如果剥夺了这些乐趣，那么基层的员工们就会认为自己的工作已经没有机会迎来改变的一天。劳动的改进计划已经被专业设计员工完成，执行计划的员工永远只能成为比拼年轻与体力的机器，最大的绝望在于失去希望。

泰勒的科学管理原理中设置的员工技术方案从另一方面可以看成员工技术进步的屏障。我们把这种屏障称为**泰勒天花板**。

当泰勒把工资提高61%时，员工就永远被定格在了61%，至少在这种体制内遇到泰勒天花板就被禁锢了，员工没有参与自发创新的机会。而且被技术人员制定超过强度的工作方式，可能是杀鸡取卵式的，对员工身体会有危害，而员工对于这些不经项目实验的工作方式却没有发言权。

这种结果当然是员工们不能接受的。

不过，随着机器的大规模使用，知识工人的大量出现，员工们可以有更多的知识与时间了解机器的使用与运作，从而进行改良与提升，并且跳槽到中小公司去实现自己的创新，员工们对泰勒的科学管理原理不再那么抵制。但是，在众多大型公司里，这种问题还没有得到根本解决。

在本书理论系统的项目部门中，不是只有高学历者才可以进入项目部门，同样接受技术娴熟或有创新精神的员工加入，这样就可以充分发挥员工们的创新能力，从而让提升整个部门工作效率的方法为计划人员与操作员工共同认可，既让公司与员工共同创造高额利润，也给了员工本人创新以打破泰勒天花板并实现自我价值的空间。

阶段型 X—Y 理论现象——3M 允许员工 15% 的自由时间

自从第二次世界大战期间人际关系学派的著作引起了管理人员的注意以来，出现了大量有关激励和成就、工业心理学和工业社会学、工作中的人际关系和劳动者的满足等方面的书籍、论文和研究。事实上，有关对劳动者和劳动进行管理的文献至少在数量上超过了其他管理领域，包括管理科学和电子计算机的文献。

这些书籍中最广泛地被阅读和引用的也许是道格拉斯·麦格雷戈（Douglas McGregor）的《企业的人事方面》一书及其提出的 X 理论和 Y 理论。麦格雷戈本人并没有从事原始的研究工作。他自己在书中也坦率地承认了这一点，指出他并没有提出什么新思想，只是把别人的思想加以归纳。但是，他的书受到这样广泛的注意，也是完全应该的。麦格雷戈有力地表明了在对劳动者和劳动的管理上，存在着不同的基本选择。他所提出的 X 理论是指对劳动者和劳动的传统态度，把人看成是懒惰的，不爱工作并想逃避工作，必须用胡萝卜和大棒二者去加以驱策。它认为绝大多数人不能自己承担责任而必须由别人来照看。相反，Y 理论则认为人有一种心理上要工作的需要，并想要取得成就和承担责任。X 理论认为人是不成熟的，Y 理论则基本上认为人是想要成为成熟的人。

麦格雷戈把这两种理论作为可加以选择的，似乎他是无所偏袒的。但是，任何读者都不会怀疑，或不可能怀疑，麦格雷戈是全心全意地拥护 Y 理论的。

——节选自《管理任务、责任和实践》

X 理论和 Y 理论之所以影响这么大，是因为它提出了一整套对员工心理计划的看法以及面对员工心理计划的解决方案。

这一点与事实比较接近，员工在接受工作之时就有自己的心理计划，比如：有的员工想要安安稳稳地工作一辈子；有的员工其实心里喜欢唱歌娱乐，工作只是提供一份稳定的收入；有的员工仅把工作当作跳槽的踏板。这些心理计划都是员工日后工作的一个出发点。但是很遗憾的是，绝大多数管理者只看到要实现公司的计划与目标，却忽视了员工心中的计划与目标。

X 理论和 Y 理论中想象的员工心理计划都很简单，可以说是一个从人性出发的雏形，那就是员工想主动把事情做好，还是要通过外界强力的刺激把事情做好。

实际上这种划分法有误，比如说一般员工刚加入公司工作时，是有着想把工作做好的打算的，因为如果他做不好这份工作，就没有理由留在公司，不用公司解雇，员工自己也会不好意思。这时员工适用于 Y 理论。

但时间长了，员工已经完全适应这份工作了，却发现这个公司根本没有发展前途，这时员工就会觉得我再努力工作都不可能受到重视，并且由于要创新就一定要打破常规，还可能受到公司管理层的打压，那么员工就会消极工作。这时再想要员工主动去工作就困难了。如果公司还想要员工加班额外完成一些工作，那么员工就会提出一些要求。这时员工就适用于 X 理论。

有时甚至可以把员工在公司的任职时间与表现分为入职期、上升期、懈怠期、离职期。

入职期是最富激情的，什么都想学一下。

上升期是向着自己目标的职位努力的时期。

懈怠期就是员工升职无望，只能得过且过、应付每天的工作的时期。

离职期就是等离职或退休了。

这种划分法虽然不是很科学，但也体现了员工的一种心理过程。那就是员工们总是会在心理计划失败之后，进入一种只能靠利益驱动的懈怠期。而心理计划的尝试与失败都是有一个过程的，这个过程包括入职期、上升期、懈怠期和离职期。

我们把这种因为在职时间段不同而分别适用于 X 理论与 Y 理论的现象称为**阶段型 X—Y 理论现象**。

其实员工的心理计划之中，最希望的不是一种职务，而是做出成绩。员工的心理计划之中，一开始是希望学习本职位的一些基本知识，然后通过自己的聪明才智把自己职务的工作计划执行得更完美，从而实现自己的价值，得到大家的认可，最好还能获得职务提升。

如果员工的自发创新不能实践，那么他就很容易进入懈怠期。特别是知识型员工，他们更加需要公司对其创新的支持与认可。

前面我们说过，知识型员工只要把自己掌握的一些知识与公司计划内的知识结合运用，就可以满足普通设计的需要，如果知识型员工对一些知识有独到的见解再加上在公司掌握的计划内的知识就可能碰撞出创新的火花。这种创新并不以人的意志为转移，一旦某位知识型员工有自发创新的见解与想法就需要公司给予支持，有时甚至愿意理解知识型员工的创新都会让他们对公司充满感激。

3M 公司在这方面就做得很好。

3M 公司于 1902 年诞生于明尼苏达的苏必利尔湖畔，最初是从事采矿业的。为了和同行竞争，3M 公司的老板鼓励工人们发明创造新产品，并成立了研发部门，而那些新产品不断取代现有产品，成为公司新的核心业务，使得公司不断成功转型。3M 公司至今最富传奇的故事就是思高胶带的发明。

发明胶带的是 3M 公司的一位小人物——查德·卓尔。1923 年的一天，技术员卓尔到一家汽车喷漆厂去办事。当时美国流行双色汽车，但是喷漆很麻烦。当时的工艺很落后，汽车厂的工人先在车上喷上一种漆，然后用胶将旧报纸糊到车上，挡住不需要喷漆的地方，再喷上第二种漆。用胶水糊报纸的方法很难控制质量，胶水用少了粘不住报纸，第二种漆喷不整齐；胶水用多了，不仅擦不干净，还会破坏车身的美观。卓尔无意间听到工人们的这些抱怨，于是他有心发明一种既能牢牢贴在两种颜色接头处，又能很容易撕下来的胶带。

卓尔回公司后私下里就研究起胶带来了，老板看到他"不务正业"也没说什么，让他按自己的想法去做。很快，卓尔就发明了一种不干胶带，取名为 Scotch，原意是恶搞他的苏格兰（Scotchland）老板，想不到这种胶带和它的名字从此在全世界流行。以后，胶带成了 3M 公司的主要业务，并且研制出了各种各样适用于不同场合的胶带。不要小看了这些小小的胶带，它的市场直到 2000 年以前竟然比整个半导体行业的市场还大，而 3M 公司一度控制着全球四成的胶带市场。

3M 公司至今发明了 6 万种大大小小的产品，全世界有一半的人每天直接或者间接地接触 3M 公司的产品。该公司营业额中有 1/3 来自近 5 年的发明，其中相当大的一部分是员工利用工作时间从事非工作性质的研究搞出来的。3M 公司允许员工用 15% 的时间干任何自己喜欢做的事，后来这个做法被 Google 学去了，变成了 Google 的"20%项目"。2008 年，在最具有创新力的公司排行中，3M 公司的排名竟在 Google 和苹果这些以创新而闻名的公司前面。

——节选自吴军《浪潮之巅》

从 3M 公司的例子，我们可以看出，公司有时并不需要特意建立许多小的项目小组，员工们自己会在工作计划之外的时间来做一些创新，这些创新之中的员工是充满工作热情的，无须报酬的加班加点，完全符合 Y 理论理解的员工状态。对于一般公司来说，我们只要允许员工利用公司的一些设备去做这些事情，员工就会很感激了，毕竟如果员工离职去自己创业的话，买设备、租场地的成本会很高的。

有人可能会说，员工如果自己搞项目会不会对公司的工作造成影响。

实际上完全没有必要担心，没有员工会傻到去搞明知不会成功的项目。员工在有自己的盼头之后，会特别感激对眼前能给自己支持的公司，因为失去工作就等于失去了继续研究这个项目的经济支持，这对于充满干劲的员工来说可是一个天大的打击。所以，员工们不但不会懈怠手中的工作，反而会反复检讨自己手中的工作计划，生怕出现什么纰漏。

当然，对于一些技术非常成熟的行业，我们并不需要像3M公司允许员工用15%的时间干任何自己喜欢做的事，只要允许员工在周末或晚上使用公司的设备就可以了，甚至在一些工具复杂的行业，在员工工作数年之后才允许其使用公司设备做一些实验也是完全合理的。

允许员工在本职岗位上自发创新，会使每个职位都具有项目部门一样的吸引力，也会让许多员工主动地形成进取的心理计划，从而为公司广泛的创新打下基础。

正如本书开头所言传承与创新是人类最主要的系统性工作，能充分认识、支持员工这两类工作中的心理计划，就能减少阶段型 X—Y 理论现象对员工的影响，进而使员工随时充满活力。

领导者必要三素质

现代不少中国校长想将学校塑造成贵族学校，而国人也希望自己的孩子成为贵族。而真正的贵族上的学校，如英国贵族们所上的学校基本上就是准军事化的，吃住非常一般，而且还得接受长期的训练，完全不是国内标榜"贵族学校"的高收费行径。

英国著名的贵族学校伊顿公学，在第一次世界大战时有5 619个伊顿人参加，其中牺牲的有1 157人、获得维多利亚十字勋章的有13人。从伊顿公学毕业的男子在沙场上的战死率约为20.6%，而第一次世界大战普通英国男子在沙场上的战死率约为11%，其骑士精神可见一斑。

贵族代表的不是金钱方面的暴富，而是在民众危难之际勇于上战场的人。

贵族精神可以说集中了我们传统认识中对领导者能力的各种要求，这与传统文化对领导者全面的要求大不相同。

传统领导者被要求做许多工作，这是由于过去管理职能不明确，但在职能齐全的公司这些工作都应当由其他部门来执行。

传统领导者有传授员工的责任，但实际上这种职能应当是人事部门统一传授的，这一点在很早以前的军队中就有实施。如《水浒》中的林冲就是80万禁军教头，他只负责教授枪法，并不带兵打仗，也就是说林冲不是80万禁军的领导者。这样有一个好处：传授的东西是统一的，按计划执行的。

当然，如果领导者本身技术超群，那么他可以向组织部门申请兼职做部门员工的传授者，这就是能者多劳了。但在更多情况下，领导者是带领员工适应当前的工作环境，关于适应方法，计划上并不会明确写出，领导者也有可能没有刻意地教，员工学习领导者的样子就应该可以适应工作环境，并和领导者一样认真执行公司的计划。

此外，就是控制。

我年轻时在南方一些城市工作过，那时中国刚刚改革开放，工人们找一个好工厂工作也不容易。一些薪水计件生产小组中，小组的领导就是面容冷峻的中年妇女。她们基本上脱离了生产，在员工工作台附近来回走动，巡查员工的生产情况。这些员工生产产品的手法很简单，基本一学就会，不需要什么传授与引导，如缝纫衣服的袖口等。这些领导是懒得帮助员工发现问题、共同解决问题的。她们往往上来就是大声斥责，员工如果不够聪明，不能自己解决问题，那么就会失去工作机会。

随着国内市场化的推进，越来越多的工厂在国内出现，工人与工厂在国内达到了一定的平衡，有时甚至出现了"招工难"的问题。这时工厂小组长们就由控制转向引导员工做得更好。员工生产质量的控制也由斥责转向帮助纠正。

控制职能在本书中很明显地划归了质检部门，质检部门手中有专门检验的图纸与工具，而且对各个岗位的工作做着专业的检查，所以控制的效果比那些靠大声斥责的领导者好得多，也专业得多。过去把控制职能交给领导者，那是因为人们对设计与图纸的控制功能知之甚少，而是求助于经验丰富的实践者。而领导者无疑是工作实践经验丰富的人。

小的公司或项目部门，依靠人事部门来核查员工执行计划的情况是高成本的，因为这时员工的工作计划并不完善，更不要说按计划去控制工作任务，所以领导者往往就是控制者。

对于有完善计划的工作岗位来说，领导者只有了解与建议的权利与责任。当整体工作计划出现问题时，能够及时与人事或质检部门联系，告诉他们哪些员工的岗位出现了问题。员工有权利学习领导者的工作方法，同时领导者也有权利考查员工的工作情况。

参照在战场上身先士卒的贵族，我们可以看出，领导者需要的能力主要有三点。

第一点：心理影响力。

领导要具有心理影响力，这种影响力是让员工接受工作计划并认真地去执行。

员工从人事部门了解的工作计划是文字的、简单的。要想让员工确实了解自己的工作内容，就需要一个样板，这就是领导者。

领导者应当以实际的行为解释计划的内容，告诉员工应当如何工作。

领导者的心理影响力是一种心理沟通能力。工作计划是外来的，不会主动生成在员工的思维中。这时就需要一种心灵的引导，让员工能更准确地执行工作计划。

第二点：计划执行力。

领导者自己要对自己领导的群体的总体计划有充分的认识，至少可以独立地完成各个直接下属的工作，并身先士卒成为榜样，才能作为计划执行部门的领导者。这一点与第一点相辅相成。要想与员工在工作上沟通得好，就要理解员工的工作，而理解员工工作的最好办法就是自己去做，并能做得好。

当然，这是对工作方法固定的计划执行部门的领导者来说的，而对项目部门领导者，则没有这种要求。因为项目领导者与决策者相似，主要是靠给员工带来红利，并自然地产生工作向心力。

第三点：危机处理的能力。

对于偶然发生的一些情况具有危机处理的能力，对经常发生的不正常情况则应当做好总结，向部门管理者汇报。

领导者是执行一小部分计划的负责人，不但要将计划传达给员工，还要能发现员工执行计划的问题并及时向管理部门汇报。如果是大型部门，则需要向上级管理人员汇报。

我们把领导者的这三项主要能力称为**领导者必要三素质**。

总结一下，领导者作为计划执行的主持者，是从正面引导员工执行计划，并有一定的随机应变能力来处理突发问题。而控制者如质检人员，则是从侧面印证监督计划的执行。

军队的军衔制度与公司的头衔制度——公司下属比领导薪水高怎么办

专业人员和管理人员的头衔授予、报酬分配一直困扰着很多管理者，甚至有些人认为这根本难以解决。

在企业发展中，会补充一些新生力量，因外聘人员成本较高，有些跟随公司打拼多年的人，其工资却比新招进的人低，而这帮元老，一般在公司也是身居要位，却突然发现自己替公司打拼多年，得到的待遇还不如刚进来的部属。

有位公司中层人士说："我也亲身经历过这种情况，很郁闷，很不合理。外招过来的人做同样的事但工资却是我的两倍，做了一个月做不下去走人了，工作全部由我接手，我的工资还是和以前一样，没有增加。所以，有时候我觉得老板的心态有问题，他们主要认为你是老员工，不计较这些，也认为你好像非要在他公司上班不可，有时心情还真是郁闷。"

其实遇到这种情况，往往是公司老板原来是想要让新人做一个创新项目的，由于创新项目人才难招，所以给新人的薪水就高。但创新项目没做成，新人只好离职了，工作还得由老员工继续按计划接手，当然老员工接手后只能拿与原来一样的工资。

传统的组织中只有晋升为领导者才能获得更多的报酬与更高的头衔，这与传统公司依靠较单一的项目创立公司时的管理模式是分不开的。在公司初创时，管理者就是领导者，而且管理者必须是计划与领导才干都出众，公司才能发展起来，因此这时领导者获得高收入与管理的高头衔都是可以接受的。

在部门划分更细致的公司中，这样做就显得不合适了。专业人员从事专业的设计、市场甚至销售、生产这些工作时，都会产生巨大的项目效应。

项目效应就是专业人员可以通过项目而不是执行计划为公司创造出巨大的价值，这些价值是执行管理计划的管理人员所不能创造的。

军队最先使用这种级别与职能分开的制度。少校是军衔的级别，一个少校可能是一名营长，这是管理者的职务，也可能是研究员，这是专业职务。军队中的军衔授予五角大楼中的研究员这种专业人员，享受管理者的待遇与福利。而且它可以为军队储备大量的预备干部。在军队中如果有管理者或者专业人员阵亡的时候，就可以有大量的同样军衔的人员马上接手工作。

而我们在公司中却很少可以看到类似的制度，很多公司一旦有高层离职，就会导致大量的工作在新人上任时接不上手，因为新人没有从事过相关的工作。同样地，在有新项目需要人才特别是专业人员时，也很难调来专业人员，因为这时很少有人可以接手专业人员的工作。

我们把参照军衔制度在公司建立的级别与职能分开的制度称为**头衔制度**。

因此，轮岗制度与职位头衔的设计对致力于创新的公司是十分必要的。

设计者每三四年可以到其他设计部门或者设计部件处兼任一定的职务。

如果某职员刚来时是设计笔芯的，其职称可以是笔芯设计工程师，过几年当他能同时设计笔芯与笔杆时升级为设计能手，再过几年当他可以设计整支笔时升级为设计专家，然后当他可以设计精品时就升级为设计大师等。

与此同时，可以在笔杆设计职位上设置设计工程师、设计能手、设计专家、设计大师等职位。这样，既实现了专业人员以一个岗位为主，又使其设计慢慢融会贯通，不会设计出与整体不相配的零件。

有了这样一个阶梯，不断培养熟练的设计人员就有了一个保障，设计人员也不会因为每天做同样一项工作，而失去了专业化设计人员的晋升之路。

对于公司来说，可以使公司有大量的储备人才，一旦员工离职或安排做其他重要项目，那么空下来的岗位就可以马上有人接上。这种接替可以从最熟悉的空下岗位的同头衔员工中调任，由此留下的空闲岗位的接任新员工就不怕没人培训了。当然，这种接替只是一种理论的状态，如果公司内的员工可以改变计划自己兼任多个岗位，或者从外面直接调来员工，都是最简单的办法。但这种方法可用来作为参考。这种参考就是头衔与职能分开设立可以给公司带来更灵活的人才储备机制，从而为公司完成项目与克服危机出力。

有人可能认为，公司并不像军队有财政的支持，可以养那么多高军衔的储备人才。事实确实如此，建立头衔制度是花钱的事。但是，如果公司想要在做大以后还能持续创新，这又是一种必不可少的制度。公司应当从初创的项目中赚取的利润里留下建立专业头衔制度的经费。而一旦公司有新项目需要专业人员时，就可以立刻调用有能力的专业人才，这时就等于为公司节省了一大笔从外界聘请专业人才的经费，而当新项目成功之后，项目收益的一部分也应当用来补充头衔制所支出的费用。

此外，如果军队永远不打仗，那么各国的军队绝对不需要那么多高军衔的军官，并让军官们不带兵而成天在国内做研究。公司的头衔制度也一样，如果没有创新与离职，头衔制确实可有可无，但对于一个正常运作的中、大型公司来说，这又是基本不可能的。

有项目能力、项目头衔但没有很好地完成过项目的人才，或者是公司引进一些外来人才目标就是做项目的，如果有把握的话，预支一部分薪水也在情理之中。可以比普通员工的薪水稍高，但应在其领导者的薪水之下。一旦完成项目，公司就可以名正言顺地让下属的薪水高于领导者的薪水。这时不论是领导者还是有能力的项目能手都对其薪水不会有异议了。

员工心理平台理论——领导与员工沟通技巧

作为领导者，我们在与员工做心理沟通之前，要先了解员工的内心计划。

有人说，这个还不简单，只要找员工开个会谈谈心里话就可以了，但实际并非如此。

特别是在中国，当老师提问时，他们总是喜欢学生回答他们传授的东西。也就是说，学生们在遇到问题时第一反应不是说出自己的心里话，而是说出权威们说过的或者暗示过自己的话。这种情况在公司里也同样存在。

因此，即使被点名，员工们很可能一开始就找一些领导者说过的话来搪塞。

就如我们把设计看成一种流程一样，把心理接受看成一种流程，我们就更能理解心理接受的时间过程。

当我们第一次没有得到员工的积极回应时，我们不要气馁。即使要让一个朋友说出心里话有时也是困难的，何况员工面对的是领导呢？

因此，我们要掌握一些基本的心理沟通技巧。

（一）进入发言者的语言场景

进入发言者的语言场景，就是当员工发言时我们能想象出员工所说的东西，比如员工说他从工作位置到洗手间要走很久，这时领导者应当想象自己在一段很长的去洗手间的路上，甚至产生了长时间走路的疲惫。那么，领导就会对员工说："哦，上帝，我真想把洗手间安置在这么远的人臭骂一顿。"这类话自然会引起员工的附和，也只有这时，员工才会感受到你已经与他产生共鸣，更有兴趣把他要说的话讲下去。

（二）发现心理平台

很多领导者虽然对员工的问题感到同情，但是他们总是找不到员工要讲的内容的关键。

例如，在员工大肆谈论了别的工作小组的工作环境之后，又谈到了自己几年没涨工资，接着又谈最近晚上加班很多、很累。总之很零碎，看上去没有主题。这个时候就需要领导者具有一定的心理学知识了。

每个人在做一件事情前，都会把自己放在一个心理平台上。这个心理平台就是自己接受这份工作时，公司人事部门列出的一些条件，如果这些条件对自己不利就会觉得难以接受。员工的心理平台就是员工本身的思维系统，其中与工作有关的主要是与自己的经济效率相关的内容。这些内容往往是一些事情影响到其经济效率，如前面所说的洗手间被安置得太远，这会让员工在工作中去洗手间要花费更多时间，实际是他们为工作付出了更多，相对来说经济效率就降低了。

领导者要能敏锐地发现哪些事情让员工付出更多。

我们把从理论上理解与工作有关的员工心理平台中原先计划被改变的内容称为**员工心理平台理论**。

进入发言者的语言场景也是为了理解员工心理平台，员工在简短地说一些琐碎的小事时，内心往往是在说："哦，虽然是一点小事，但我不明白这些条件为什么不如以前。"这时，员工其实已经把最重要的且需要解决的事情告诉你。

那就是员工害怕公司的工作计划向越来越不利于员工的方向发展，员工们需要领导者做出保证，那就是这种变坏的趋势仅仅只是考虑不周的失误，不会再三出现，而员工原有的工作平台一如既往的可靠。如果员工得不到保证，那么他们就会无心工作，甚至因为害怕而跳槽到其他公司。

（三）与对方深入地探讨关键问题的流程

员工们往往会急切地告诉你问题现在是怎样的，当你发现员工心理平台变动之后，这并不是沟通的结束。你应当告诉员工公司计划或者项目之所以与过去不同，是因为什么原因。其中，可能有新同事的不适应，有对分配方案的不满，有对工作计划改变的不适应，等等。领导者对这些问题可以从执行传承计划应获得的收益和参与创新项目应获得的收益分开来与员工一一分析。最终让员工认同公司根据经济效率产出制定的分配方案。

当然，如果是员工在工作中发现的问题，或者说员工在工作中发现执行的计划与实际操作有偏差，如发现要安装的螺栓比计划要求的短了，安装不稳，这时就应当马上向上级反映，然后与组织、设计部门沟通。

工人独立项目的设计缺陷——飞机引擎工厂大幅提高产量

先看一个德鲁克先生举的例子。

例子之一：是一家很大的飞机引擎工厂。按当时的标准来看，该厂的产品极为复杂。然而每一个小组都装配一整只引擎——这是一件比任何汽车都要复杂得多的产品。每一小组组织的作业都有微小的区别，由不同的人在不同的时间进行不同的操作。但每一小组都着手研究基础工作。每一小组也都进行持续学习。每一小组每周同领班和工程技术人员会晤几次，讨论如何改进工作和作业。每一小组的产量都大大超过工程师提出的标准。

我们在第二次世界大战中的这些经验——所有的主要工业国家都有类似的经验——又被我们忘掉了。那些经验似乎只是一种临时应急措施，而不是根本解决办法。现在，我们又在重新发掘这些原则。无论哪里，只要试行过这些原则，都取得了同样的成果。

——节选自《管理任务、责任和实践》

《管理任务、责任和实践》中的例子提到了由工人组成小组来促进工作改进，实际是由工人独立进行的项目改进。我们把这种项目称为**工人独立项目**。

这种利用工人独立项目来改进生产方式的做法没有在第二次世界大战后推广其实是有必然性的。

我对操作执行计划的员工状况是有一定了解的，他们一般无法制订出详细有效的工作计划，让别人可以直接运用，从而只有执行别人制订的计划。如果执行者自己制订计划，那么他们制造的产品将是粗糙的。这就如苏联当年制造的产品，粗大笨重，不适合民用。这里不得不说，这还是与当年很多苏联官员心怀共产主义梦想，发动工人们真正改进工作和作业之后的结果。

不可否认的是，每一小组每周同领班和工程技术人员会晤几次，可以大大增加员工们的创新热情，让员工们感到自己存在的价值与意义，从而增加每一小组的产量。但是，这种创新是在顾客的需求方向不明显的情况下实现的。

我们可以明白无误地说，如果飞机驾驶员可以选择飞行更快、作战能力更强的专业飞机时，那么他们就不会选择工人小组们增加产量的努力。

换一个例子说，如果我们可以得到一部 IPhone7，那么就绝不会接受苹果以同样的价格卖给我们四部 IPhone4。我们在战争时代可以通过工人们的探讨提高产量，但是很难通过系统改进提高产品性能。产品性能的改进可能导致一部分零件不再需要，从而使一部分工人失去岗位。

第二次世界大战后，由于顾客不断要求对产品性能进行改进，使主要依靠工人来改进技术变得不现实。

最后还是要依靠工人们加入项目部门的小组中，才能综合各部门的计划设计能力，加上员工们的实践经验，把公司的创新项目真正融入整体生产计划中去。

这种改进很可能会导致本人的工作岗位需要工作的时间减少，如果这种建议可以推广到其他岗位，在公司中会使这部分员工很多时候无所事事。

面对这种情况，如果员工的改进计划与其他人的工作计划不冲突，而可以提高工作效率，领导者应当发现并向公司推荐这些项目。公司一旦采纳这些项目，应当鼓励这种改进，并且拿出一部分因效率提高而产生的利润，长期地奖励这些员工。至于这些员工这种具有创造性能力的才能也不能浪费，而是应当多给他选择重要岗位的机会。而其他岗位因此减少工作量的员工应该补上工作量。

只有这样，员工自发针对本岗位的创新才会更多。当然，在员工自发创新没有得到批准之前是不允许实施的，因为这很可能影响其他岗位的工作进程，使员工独立进行的创新项目对整体的计划产生不良影响。

公司之所以在各种经济单位中脱颖而出，成为现代经济单位的主体，是因为它把决策、计划这类思维工作与组织、执行这类操作工作结合在了一起。在公司的基层创新项目单元之中，也应当把操作员工与思维员工的想法结合在一起，提出更有效的创新方案。

交流促进工作法——日本人的"持续训练"机制

日本人有一种叫作"持续训练"的机制，德鲁克就在《管理任务、责任和实验》一书中解释了这种工作方法。

使劳动者对工作和工具负起责任来的是日本人叫作"持续训练"的一种机制。每一职工，常常包括高层经理在内，直到退休以前都一直把训练作为他的工作的一个正常的部分。每周的训练会作为一种正常的部分安排在一个人的工作日程中。这种训练通常不是由一位教师来进行，而是由职工自己及他们的上级来进行。工业工程师这样的技术人员可能会参加这种训练会，但并不领导这种会议，而只是提供帮助、建议——而且自己也学习。

这种训练会并不把注意力集中于某一种具体技术。参加这种训练会的有某一工作级别上的所有人员，并把注意力放在该单位内的所有工作上。工厂电气工人参加的训练会，参加的人还有同一工厂中的机器操作人员、安装和维修机器人员、挥动扫把的清洁工——以及他们所有的上级。这种训练会的注意中心是工厂的工作，而不是某个人的工作。

我们可以看到，日本人的持续训练不仅仅是员工们自己的行为，而且还有他们的上级、制订工作计划的设计人员，这可以使员工们直接得到发布设计工作指令的设计者的指导，而不是只限于直接上级。

帮助员工完美地执行工作计划这一点，在我国很少看到有公司会这样做。我过去开服装外贸公司时就有明显的感受，众人都信奉"教会徒弟，饿死师傅"。各个生产厂家的产品完全控制在那些相互不交流的员工手上，他们很少把技术要诀与同伴共享与交流。

但是日本公司就不是这样，我猜想可能是日本人借鉴了武士们相互交流与切磋刀技的方法，他们更加愿意一起交流彼此在工作中执行计划的体会，并把一些方法很大度地拿出来让其他同事观摩。

员工从领导者手中拿到工作执行计划之后，只是得到了执行工作的计划文书，而不是自己动手执行工作的能力。如果要真正地完善这种执行能力，领导者可以进行提示与帮助，最终形成一套适合员工自己的执行方式。这种执行方式可以依靠员工长期对工作计划的执行与领悟获得，领导者也可以引导员工之间不断相互学习，让员工掌握执行工作计划的要诀。

员工在不断交流中就会发现自己还有很多技巧没有掌握，从而促进他们持续用心熟悉工作。我们把这种做法称为**交流促进工作法**。

在日本人的持续训练之中，是把员工当成都会完全敞开心扉的。实际上，多数新员工会这样，但老员工或者是有创新想法的员工，他们大多不会把自己的独到工作方法公之于众，因为如果这样他们就不能享受到率先完成工作的快感。

　　要知道老员工或者有创造性的员工既然在技术上有优势，那么在体力上他们就落后于平常员工。如果他们把技术拱手相让，他们往往会在与平常员工的竞争中处于劣势。所以，想要真正让老员工与有创造性的员工把自己的创造性工作方式交流出来，就需要公司在项目成功后给予员工长期性奖励。只有这样，员工们才会真正畅所欲言，积极地为提高公司经济效率出力。

　　创新项目建立基金机制这一点在前面已经提到过，项目基金奖励的不只是设计人员，有创新的操作员工一样应得到奖励。

　　不过，很多国内厂家会认为，员工流动性太大，如果我奖励了创新员工，而其他公司没有奖励，那么我公司的成本就会增加，这样我公司就会在竞争中处于不利的地位。这一点在国内法律不健全的情况下确实是一个问题，但在法律健全的国家可以通过合同予以约束。另外，对于众多跨国公司来说，保持技术的领先就可以让更多有创新精神的员工进入公司，让公司竞争力远超一般的公司。这种保护创新的凝聚力是那些压制技术交流的公司所不具有的。

　　真正有创新的老员工是选择无偿地把技术送给压制技术交流的公司，还是跳槽到给予创新项目基金奖励的新型公司呢？其结果是不言而喻的。

　　这就形成了一个小的项目组的氛围。设计者如果可以从老员工执行工作计划的方式上受到启发，那么就有可能设计出更优秀的工作方式。还可以与现场的员工以及领导者相互探讨，从而保证新设计的可行性。

整体促进有效反馈——埃默里航空货运公司驾驶员提高货运量

德鲁克在《管理任务、责任和实践》一书中提到员工对信息反馈的调整："我们还知道，只要把信息反馈给人们，即使他们以及信息的提供者并不真正知道应该做些什么以及如何做，他们也能控制和校正自己的工作。这甚至适用于那些本来是'不可控制的'过程，如人体内部的许多过程，如心的跳动、脑电波、哮喘病的发作等。使一个患有哮喘病的小孩能够看到那个调控屏上所显示的他的喉咙中的血管和肌肉的收缩的信息反馈，而不告诉那个小孩应该做些什么。事实上，也没有一个人知道应该做些什么。但是，只要这个小孩知道，显示屏上显示血管和肌肉状态的指针应该停留在屏幕的中心，在许多情况下，他往往可以阻止一次哮喘的发作。

"工作的过程很少像脑电波或哮喘病发作那样难于进行分析，然而其中还是有很多我们不能确切了解的过程。职工在得到反馈的信息以后，能够控制自己的工作和产出。

"埃默里航空货运公司曾多年从事工业工程的研究，但其管理当局还不能真正了解各个飞机驾驶员应该做些什么，才能使他们在自己的飞行线路上的货运量尽可能地大。可是，飞机驾驶员无需对运货的飞行时间和飞行长度进行分析，只要知道了他们实际上的货运量同计划货运量的对比，就能控制自己的飞行日程安排并大大提高货运量。"

在传统的生产线或办公室中，员工们对产品的生产结果往往是不知晓的。只有当产品出现问题之后，员工的管理者们才会拿着残次的产品，带着满腔的怒火找到相关员工，告诉相关员工，他们不到位的行为给公司带来的损失以及相应的处罚决定。

在我小时候看的电影与电视剧中，经常出现拿着皮鞭监督工人工作的资本家的监工，那些电影与电视剧虽然运用了夸张的手法，但是给我幼小的心灵留下的印象就是管理等同于用皮鞭监督员工的工作。当然，我在成年之后知道这是可笑的。

不过，这种荒唐的电影与电视剧传递了一个基本的信息，就是员工执行计划之中会产生很多让执行结果不到位的变数，这些不到位的执行结果是让管理者深恶痛绝的。当然，这种管理方法是相当落后的。

现实中，员工是按计划要求招聘的，组织部门判定员工具有执行计划能力并在必要时给予培训，而且由领导者示范工作内容后执行能力会大幅提高，从而达到按计划工作的要求。

更好的情况是，操作员工们应当参加至少一种与他相关的项目小组的探讨，从而达到提升与培训的效果。在这种项目小组的会议之中，就会有相应的技术人员参加，并为他们讲解操作员工执行的工作在总体计划中的位置，并让员工们看到他们加工过的部件在整体产品中的作用。

当然，相应的计划员工在参加项目小组时也应当参与决策人员对项目小组进行决策的讨论。这样，所有的人都会对怎样操作才能让加工更准确有一个明晰的认识。

有了对操作结果更明晰的认识之外，就要随时对自己操作的情况进行观察。这一点看似很容易办到，其实则不然。拿我原来工作过的炉具公司打钣金本体的螺丝来说，打螺丝的位置是在炉具本体的上方，不过一旦用力过猛，可能造成炉具本体变形的却是其他镂空的薄弱部位，因此就有质量检查人员在后续的生产线中把炉具本体变形的问题反馈给员工。当然，这是一种事后控制与补救措施。

在重要部位且条件允许的情况下，可以让员工随时看一下相关易出现问题部位的实时影像，这样员工就可以更好地对自己的操作进行控制，从而实现实时的操作反馈。这相比在项目小组中获得的工作内容的反馈更加及时，也是计划执行中最基础的反馈。也就是说，我们要求员工进行抽样的实时反馈，并不只限于他们的经验，还可以利用工具延长员工的感知面，在这种情况下，能让实时反馈的信息更准确、有效。

当员工把自己的工作视为整体的一部分时，完成本部分工作时就会有完成整体工作的成就感。这时员工会对工作中出现的异常信息做出有效的反馈。我们把这种反馈称为**整体促进有效反馈**。

执行计划人员工作中处在整体促进有效反馈的自我控制状态，就能更准确地在工作中发现自己的问题，从而使自己的工作可以与公司计划衔接。

顾客购买计划满足理论——销售中执行市场计划的一般步骤

过去，管理理论往往是市场与销售不分的，一般由销售人员自己做市场中顾客需求心理的分析、定位。本书前面有关市场的章节中说过，市场部门会参考顾客的消费计划设计出让顾客满意的计划。

这样，销售人员要做的就是把市场计划付诸实施。

因为市场部门的计划并不会飞到有需要的顾客手中去，这就需要销售人员去与顾客交流，让顾客了解其自身的购物计划与公司满足市场需求的计划是一致的，从而达到让顾客购买的目的。

销售人员与顾客的沟通步骤和方法在很多书中都有提到，但大多是从零散的顾客心理出发进行分析的。而本书将从顾客购买计划的角度来提出沟通的步骤。我们将这种从顾客购买计划出发的销售理论称为**顾客购买计划满足理论**。

第一步：从资料中探寻顾客过去的购买计划。

在销售人员进行工作之前，他们会接收到市场部门给予的资料，这些资料包括产品的一些基本参数。这些资料里可能还有同行的产品信息以及本公司产品在市场的定位或者说公司产品面对的顾客群，甚至一些专业性较强的公司的市场部门会有一些顾客的资料，等等。不过，在没有市场部门的公司里，销售部门的经理因为对市场的熟悉有时就充当了市场部门的作用。

这一点在很多销售书籍中都会说成是"了解顾客资料"，但"了解顾客资料"是很泛泛的，顾客资料中也会有很多与销售无关的东西，这些东西可能会在你与顾客交流时让顾客觉得你啰唆，甚至侵犯了顾客的隐私。而顾客过去的购买计划是顾客过去购物习惯的一种体现，作为销售人员，能迎合顾客的购物习惯，就如医生能说出病人的症状一样，是受人欢迎的。

当然，一些看似烦琐无关的资料，如果可以让销售人员了解顾客过去的购买计划，那么这些资料就是有价值的。不过，这也要根据顾客的重要性进行认真的推敲。如果顾客确实很重要，那么我们对一些烦琐的资料进行整理，从而得出顾客的购物计划就是值得的。

也有可能顾客没有购买过公司生产的同类型的产品，但从顾客的资料中知道顾客拥有的产品，就知道他购买的产品的倾向。如顾客有一辆法拉利跑车，就说明其购买能力强，有可能会高价购买具有娱乐功能的工具类产品。

第二步：寻找适当的机会向顾客推销计划。

寻找适当的机会向顾客推销，通俗地说就是与顾客的约见及打招呼，很多销售书籍把它说成是一种礼貌的行为。其实在与顾客约见及打招呼之中，可以得到很多的信息。如果顾客很忙或者有重要的事要做，那么是不利于进一步交流的，因为这是把销售人员的计划强行凌驾于顾客的计划之上，这会让人很反感。这时销售人员要适可而止，找一个更好的时机去拜访顾客。

打招呼也是一个和顾客接触的机会，这时可以观察顾客的状态。比如顾客憔悴或衣服不整洁，都可能是顾客正忙于某些事情的体现。如果能观察与猜出顾客的所想，就能避开顾客不愿意谈及的话题。相反，如果顾客满面红光，那么顾客肯定有什么好事。如果这时把公司的产品锦上添花地摆出，对顾客来说接受的可能性就大了很多。打招呼就是全面观察顾客的一次机会，错过这次机会，你再上下打量顾客，顾客就会觉得你不礼貌。

第三步：简单地介绍自己的来历。

要简单介绍自己，而不能啰唆，那是因为你带来的产品及其服务计划才是顾客所最需要的，而你与你的公司都只是一个简单的符号，顾客只要在需要时能想到你以及你公司这个符号就够了，而不需要更多信息，那样会冲淡顾客对你以及你公司的印象。比如说，如果顾客听过销售人员的自我介绍之后，得到的主要信息是：那个爱开玩笑的北京人，那么这种介绍就是失败的。相反，如果顾客得到的信息是：那个全国销售前十名的著名品牌公司的人，或者是最先推出电动功能的三家牙刷公司之一，那么这种介绍就是比较成功的。

第四步：询问顾客满足某些需求采用的计划。

询问顾客满足某些需求采用的计划，就是顾客怎样让自己过得更好。

这里对于不同需要满足顾客采用的计划肯定是不同的，对于工具我们要求方便、省力；对于娱乐用品我们要求有新意、愉快；对于卫生用品我们更看重安全、稳定；等等。这些公司的市场部门都应当做分析。

询问这些计划是指了解与本公司产品相关的使用效果的情况。产品效果就是产品使用过程与使用结果中产生的效果。

例如，如果你是卖美发店洗发水的，市场部门发现美发店喜欢那种挤压后出现一大堆泡沫的洗发水，那样美发店顾客会觉得美发店每次使用的洗发水量很充足，而本公司的洗发水就会在挤压后产生大量泡沫。这时你就可以暗示地询问顾客是不是更喜欢用量充足的服务呢？当得到美发店的认同后，你就有机会介绍你公司产品的优势了。

当然，在依照公司产品优势询问的过程中，顾客不一定会按照你的询问回答，而是会说一些顾客自己最看重的产品的优势，这时就要仔细地聆听顾客的需要，因为这是顾客购买该类产品必须满足的条件。

顾客所说的需求就是一种心理平台中计划的表达，或者说只有在这个平台之上的产品才可能被顾客接受。当然，这些条件也可以变通，但必须有充分的理由说服顾客。例如，顾客说自己在哪张报纸上看到过介绍该类型的产品，那么可以肯定，顾客是被报纸上介绍的产品功能吸引了，所以产生了购买计划。如果你们公司的产品功能与报纸上介绍的产品功能很接近，那么这是让顾客计划获得满足的好机会。

销售人员在询问顾客情况时，是执行公司计划的关键时候，这时销售人员要迅速把顾客的需要记录下来，从而与市场计划结合起来。同时，这也是发现公司市场计划的不足之处、创立出新项目的关键时候。销售者执行市场计划时如果发现市场计划不足，就如生产者执行生产计划时发现技术计划不足一样。因此，我们经常听到关于销售人员多听少说的要求，这就是在强调询问情况的重要性。

第五步：介绍产品市场计划的优势。

介绍产品市场计划与介绍产品计划优势是两码事，介绍产品往往是指全新的产品，这种产品顾客没有使用过，这种情况很少见，这需要全面、系统地加以介绍。对于新产品来说，其所具有的新特点就应当是其市场计划的优势。

对于成熟的产品，介绍产品的计划优势则是根据询问顾客时所得出的需求要点以及市场部门提供的资料，对公司的产品进行充分的介绍与展示。

只要是同类型的产品，又是成熟的产品，有些基本的功能是必备的。如介绍空调，如果是介绍新产品，就主要介绍压缩机的工作原理，让顾客相信它是可以制冷的；如果是介绍压缩机的优势，可能只需要用 3 秒钟时间使其介绍快速制冷、无噪声这样的特点和一些简单的性能参数以及进口机芯这样一些简单的造就高性能的原因。

第六步：确认与顾客沟通的购买计划信息。

沟通确认与顾客对话中顾客最重视的需求信息，就可以在顾客心中加深对公司产品优势的印象。这时如果顾客还是不明确自己的重要需求是否能得到满足，那么就需要重新解释或者下次再来拜访了。

大型产品在顾客的购买计划中一定要经过多方长时间比较，因此当顾客得到销售人员提供的产品信息之后，如果觉得有价值就会记录该信息，以便比较。这时，有的销售人员会急于让顾客签订合同，这是不明智的，会让顾客感到反感。因为这时顾客会觉得销售人员太强势了，想让人轻易地做出花大量金钱的重大决策，从而使其产生逆反心理。

当然，大型产品与小型产品是相对而言的。对于富有的人来说，买一架私人飞机也只是小型产品，这时应当直接跳到签订订单的步骤；而对于普通人来说，买一辆汽车也一定会多家比较，需要给顾客留下时间考虑。

沟通确认信息还可以使销售人员对顾客的需要有一种更全面的认识，在回访邮件中把顾客的重要需求整理一下，再做成表格发给顾客。这样，可以让顾客感到自己的需求被重视，也是一种不错的办法。

第七步：顾客购买计划的完成——成交。

有些顾客在确认重要需求后，还会提出一些额外的要求，如能否便宜点、能否送点东西。这时销售人员应当给出明确的信息，把顾客重视产品的优势与那些额外的要求做出比较，而不要牵扯其他不相关的问题。例如，一名顾客说，隔壁的店里可以便宜 5 元钱，这时如果你说隔壁的店里卖过假货，那么这个话题就扯远了。你应当坚持说：我这里的产品某种优势绝对高于 5 元钱的价值。

当确认顾客的需求与公司的产品特性相符时，我们就可以要求成交了。交易本身就是一种生产活动，它本身就需要通过节省时间来提高效率，没完没了的沟通只会让双方的交易成本增加。

归纳一下，这里之所以要总结销售的基本步骤，是因为本书认为需求是有体系的，而购买计划是需求体系衍生的计划。能了解顾客需求体系及其购买计划，是销售人员执行市场计划的前提条件。

由于一些高层管理者是学院派或技术出身对销售一无所知，更加无法管理好销售部门的主管。有了对顾客购买计划满足理论的销售基本步骤的了解，就可以明确销售也可以是一种有计划的工作。在国外，甚至市场部门或销售经理会做好一套销售人员的问答标准内容，让业务人员按标准内容应对顾客提问，或者引导顾客发现需求；在国内做这方面工作的公司还不是很多，说明国内对销售也是一种生产这一事实认识不清。

通过顾客购买计划满足理论了解销售人员的工作流程，利用市场部门的计划，就能更高效率地对销售部门进行管理。

成败双项计划工作法——IBM 公司针对员工工作计划的引导

如何让销售人员在销售工作中不畏困难与失败，很多书中有相关方法的讨论。如弘扬一些美德，寻找一些小技巧。但许多美德是需要很多年培养的，不能强求，而小技巧的适应范围太窄了。我们这里介绍一种更普遍的方法，这种方法从计划这种管理的范畴中去寻找解决方案。

首先我们看一下 IBM 公司的一些工作方法。

IBM 公司针对员工的业绩，会对员工进行工作计划方面的引导。只要是 IBM 公司的员工，就会有个人业务承诺计划。制订承诺计划是一个互动的过程，员工和直属经理坐下来共同商讨这个计划怎么制订更切合实际，几经修改，达成计划。当员工在计划书上签下自己的名字时，其实已经和公司立下了一个一年期的军令状。上司非常清楚员工一年的工作及重点，员工自己对这一年的目标也非常清楚，所要做的就是立即去执行。

到了年终，直属经理会在员工的军令状上打分，这一评价对于日后的晋升和加薪有很大的影响。当然，直属经理也有个人业务承诺计划，上级经理也会给他打分。这个计划是面向所有人的，谁都不允许搞特殊。IBM 公司的每一个经理都掌握着一定范围内的打分权，可以分配他领导的小组的工资增长额度，具体到每个人给多少。IBM 公司的这种奖励办法很好地体现了其所推崇的"高绩效文化"。

IBM 公司的这种引导员工有计划工作的方法，在需要创新性工作很强的领域，如 IBM 公司当年面对全新的计算机开发时代，是有很强的引导作用的。但在大多数以计划工作为主、项目工作为辅的公司里，这种员工自我计划往往会流于形式。因为当一个公司的产品进入实用阶段，想进行改进是非常困难的，而每个员工都要参与到创新之中基本是不可能的。因此，员工们大多只是应付一下上级，填一表而已。

不过，对于销售人员来说，这种引导性计划的意义又不一样。

生产员工面对的总是变化很少的原料与工具，而销售人员面对的总是变化无常的市场中人们的心理。

因此，销售部门领导总是更多地要求员工们在熟记产品的基本特性之后去发挥，以便达到顾客心理上认同产品特性的效果。

销售人员长期利用市场部门给予的计划与顾客沟通，这种沟通可能不止在工作8小时之内，也许顾客会在晚上突发奇想地与销售人员聊一会儿，这时销售人员会感到生活完全被工作挤占，从而有加速内心疲惫的感觉。

当疲劳的感觉加上某些业务中执行计划的失败，会让销售人员堕入一种愤怒与失望的境地之中。要想让这种愤怒与失望不影响工作，就必须给予销售人员一些激励。这种激励既可以是公司人事部门的物质激励，也可以是销售部门领导给予的榜样的力量，但更重要的是销售人员自己有一个计划。

销售人员的计划可以把困难与失败计算入工作计划之中，让他们可以用平常心态去对待一些失败。让销售人员有自己的计划，在很大程度上相当于给了销售人员一个希望。因为失败已经在计划之内，那么面对失败就不再愤怒与失望。当然，成功的结果也在计划之内，而这个成功的结果，就是销售人员通过不断努力来实现的。这样，失望的负面影响被排除了。

因此，不论成功与失败都应写入工作计划之中。我们把这种工作方法称为**成败双项计划工作法**。

一般公司的项目小组中都会有项目计划与目标的引导，因此IBM公司针对员工业绩及工作计划的引导方法也不算什么稀奇的事。对于执行计划的销售人员，上司也应当帮助他们制订工作计划及目标并执行，而不是像国内很多业务经理一样去直接控制。因为身为领导者，引导员工是主要的职能，而不是控制。

公司的运作围绕着计划进行，这是人或公司与其他动物按本能行动的不同之处。销售作为公司运行的最后执行环节，也是一个决策与计划执行的末端，更加需要自我的计划去约束。销售人员只有对市场部门的计划很有信心，对自己实践的工作计划成败的可能性了然于胸，才会勇于面对销售中的失败，从而把公司的产品推销出去。

公司控制：滴水不漏

公司控制分为设计阶段的财务控制、组织阶段的会计控制以及领导阶段的质量控制。它们形成一个重叠的控制系统，以保证控制的滴水不漏。

在财务控制阶段，应注意经济效率的计算以及避免陷入否定困惑之中。会计控制阶段要能提供各项经济要素与所有人权益的变动资料。质量控制要走专业化路线，并且拒绝多重标准，防止出现劣币驱逐良币的现象。

效率计算以及重叠控制——杜邦公司硝酸盐的库存

我们看一个杜邦公司的例子：

在杜邦公司的早期阶段，当它还只生产炸药时，它是世界上最大的硝酸盐买主，但自己并不拥有任何硝酸盐矿场。而其采购部门却有充分的权利采购硝酸盐。采购部门这样做了，事实上从采购的观点看也取得了很大的成功。采购部门在市场上价格低廉的时候买进硝酸盐，因而用较其竞争者必须支付的远为低廉的价格为公司成功地获得了这种极为重要的原料。但是，这却是一种次优化。因为，硝酸盐价格的低廉以及因而在成本竞争上得到的好处，是以大量资金束缚在存货上为代价的。这首先意味着，硝酸盐价格低廉所得到的成本上的好处，有许多是虚假的，被支付的大量利息抵消掉了。更严重的是，它还意味着，当公司在生意不好时，会发生周转不灵的危机。所以，在廉价原料同资金成本和周转不灵的危险之间进行平衡的决策应该是由高层管理做出的一种决策。但是，在规定了新的库存定额以后，采购的决策又完全是采购人员的任务了。

——节选自《管理任务、责任和实践》

每年有多少存货才能保证供应，并获得较低采购价格，看上去是决策部门管理钱财支出的事，但是审计及控制的公司财务部门实际上应提供有效的数据，该数据应根据经济效率的计算得出。

假如硝酸盐一般情况下每吨 5 000 美元，如果一次采购 10 000 吨则每吨降至 4 500 美元。如果 10 000 吨是一年的采购量，那么等于一次采购 10 000 吨一年之内即无须采购了。

如果公司以每吨 5 000 美元采购，生产厂家大多数可以年底结账。

当公司一次采购 10 000 吨时，比小批量采购多获得的收益为：

10 000×（5 000-4 500）= 5 000 000（美元）

但我们要为之付出仓库、员工看管成本。

假设员工年工资为 500 000 美元。

仓库成本为 1 000 000 美元。

管理及工具成本为 500 000 美元。

那么，我们的实际收益为：

5 000 000-500 000-500 000-1 000 000＝3 000 000（美元）

这次采购占用我们的资金为：

10 000×5 000＝50 000 000（美元）

这笔资金的收益率为：3 000 000/50 000 000＝6%

这样看来，我们资金的收益率与银行贷款利率不相上下，如果公司财务上需要贷款，那是肯定不划算的。如果公司确实有部分闲置资金与仓库，那么把钱放在银行里肯定是收不到6%的利息的。所以，这又是笔划算的生意。

从这个例子可以看出，对采购部门等组织部门的工作计划，由财务控制并不只是控制各部门的进出账目这样简单，应当从经济效率的角度把各种项目、设计的支出还原成数字，然后计算公司实际计划的经济效率是否达到决策的要求。

现实中，由于各种项目与计划的混合实施，每年在公司生产的旺季都可能增加支出，会计部门的支出往往不会与财务部门的计划一致，这时就会出现会计部门查出多用了钱、财务部门的计划可用的资金量却不足的情况。于是，不得不在工作执行的后期，大量减少支出，以维持年度财务的收支平衡。

以杜邦公司的例子来说，如果会计发现仓库成本突然增加了，这时财务就不得不减少采购的数量。新的财务计划会对后面多个项目支出进行增减，以保持财务收支平衡。

同样，当质检人员发现不良品时，会计只有安排人重新采购，财务只有重新制订计划，以保持财务收支平衡。

我们把财务、会计、质检这一套系统对公司的控制叫作**重叠控制**。

之所以叫它重叠控制，是因为财务、会计、质检实际上都是对计划的控制，只是分别处在计划的拟订、组织、领导执行阶段而已。

公司在发布任务计划时，接受任务的部门领导本身就有义务对本部门的工作进行引导。

不过，领导者对部门的引导建立在领导者本人对上一级计划任务的理解是正确的这一前提之下，如果领导者本人就理解有误，或者没有发现自己的引导失效，那么就会造成行动偏离决策方向。

对应的解决方法是可以把两份计划给控制者与领导者对照。

这一方法在政府中也有应用。

在十九世纪时已在政府中设立总监察长的机构（但还可追溯到法国路易十四时期，即十七世纪后期；而在 1760 年左右，普鲁士的弗雷德里克大帝已建立了与现在的形式大致相同的监察机构）。目前，各国政府已普遍建立一种独立于行政和立法部门之外的机构来审核费用开支、揭发营私舞弊、不法行为和重大失职等。

——节选自《管理任务、责任和实践》

对于政府计划费用的审计，在过去的政府中其实一直就有，只是由于错综复杂的政治关系以及政治家们的意外支出需要，所以，在更古老的过去，我们看不到一个这样明确公开审计的政府机构。

公司的管理在过去项目与实用计划是不区分的，计划部门中如设计部门要同时完成计划与项目两方面的任务。所以，审计中很多项目的费用要通过正常财务计划申报很难报销，这在大公司是很麻烦的事。很多公司把一些难以报销的项目费用以文化用品、餐费之类的名目报销，这实际上给项目创新蒙上了一层作假的阴影。

尽管计划部门一般都会努力执行决策者的决策，但计划对决策的放大有时也会失之毫厘、谬以千里，另外加上项目执行中产生的不可控因素导致的额外费用，很可能让公司的基本运行计划都失去经费支持。

通过重叠控制可以使公司计划、项目的财物使用情况还原成计划内的数据。财务部门可以准确地了解额外的计划、项目支出，不至于在一定时期内基本的运行计划支出难以为继。并给协调者和决策层予以参考，让协调者和决策者了解计划、项目部门的资金使用是不是可以控制，计划部门是不是达到了决策者要求达到的经济效率标准。

项目案例法则应对否定困惑——重读《皇帝的新衣》

我们在这一节的开篇先讲一个大家熟悉的故事——《皇帝的新衣》。

一位奢侈而愚蠢的国王每天只顾着换衣服，一天王国来了两个骗子，他们声称可以制作一件神奇的衣服，这件衣服只有圣贤才能看见，愚人不能看见。

骗子索要了大量财宝，不断声称这件衣服多么华贵以及光彩夺目，被派去的官员都看不见这件衣服，然而为了掩盖自己的愚昧，他们都说自己能看见这件衣服，国王也是如此，最后穿着这件看不见的"衣服"上街游行，一位儿童说："他什么也没穿啊！"

在这个我们熟悉的故事里，其实有一个我们都难以回避的心理学课题，我们称之为**否定困惑**。

所谓否定困惑是指我们对过去已经做过的事情总是想找到其合理性来肯定它。如果要否定历史就会让我们感到困惑或者说心理上不能接受。

否定困惑的原理是：我们要否定过去做的事，并不只是一件事这么简单，而是要反思我们做事的系统思考方式。而要反思自己的系统思考方式，是一件困难的事情，因此很多人宁愿做鸵鸟，也不愿意否定一件自己明显做错的事。

再回到这个故事，骗子之所以可以骗到皇帝，就是利用了否定困惑。如果骗子一开始就把这不存在的神奇的衣服送给皇帝，皇帝即使再愚蠢，也不会接受这件不存在的新衣。但骗子可能猜到以皇帝的身份不会第一次就亲自到现场来看衣服。

从官员们的角度来说，派去的官员如同他们的皇帝一样最怕被揭穿愚蠢，而不是实际愚蠢。因为官员们本身就愚蠢，做错一件事只是增加他们的愚蠢，并没有大碍，而承认他们的愚蠢就等于给他们的皇帝丢脸，这对于逢迎媚上的官员们来说是万万不能接受的。所以，官员们宁愿自己把看衣服这件事做砸，也不承认自己的愚蠢。

而皇帝在每一次接到官员的报告之后，都奖赏了官员与骗子。这样就等于承认了神奇衣服的存在，在他真正来到织衣机前看衣服时，虽然皇帝什么也没看到，但他必须面对自己的否定困惑。难道自己信任的官员们都在欺骗他吗？难道自己过去的行为都是愚蠢的吗？当然，皇帝不愿意这么想，因此皇帝只有自欺欺人地认为神奇的衣服是存在的。

公司也是一样，决策、计划者们都容易陷入否认自己过去失败的困惑之中去。因此，我们就需要财务部门对所有计划中的投入与产出项进行核算，了解哪些投入超出了计划之外，哪些项目所需要的开支超出了决策范围之外，以免陷入过去失败的项目中不能自拔。

德鲁克说："制定和平衡各种目标，需要一套机械式的表现方法。预算，特别是可控制费用和资本费用的预算，就是这种工具。"

所谓制定与平衡各种目标就是各个部门的支出目标制定与平衡。

在过去，各部门都希望自己的部门可以顺利、轻松地完成上级下达的项目任务，当然得到更多的资源就更有利于完成这些任务。这就形成了在公司各部门之间相互争夺资源的现象。由于许多公司的预算是以年度为基准的，上一年少了，这一年再争取更多的预算资金就等于占用了其他部门的资源，因此很多部门总是多报预算，把可有可无的预算加上去，这样那些真正急需资金的部门就会感到钱都用到不该用的地方了，这种预算上的争议，是很多公司内部矛盾的焦点之一。

这也是一种否定困惑，为了能不让上司觉得自己去年报多了预算，即使今年不需要那么多钱，也要多报预算。

面对这一问题，很多公司采取的是一种制衡的办法，让各部门内部形成派别，相互监督，从而保证有效地使用资金。这其实是一种政治监督方式在公司中的应用。

虽然一般人并没有机会见识到控制系统的运作方式，但我们在政治监督中经常可以看到类似的工作情况。

由于政治是对于国家卫生问题的共同协调解决，而国内重大卫生问题并不是时刻发生的，为了能让国家从容面对重大的卫生问题，必须让政治家们相互在理论上挑刺，这些倾轧并不是国家理念上的分歧，而是政治能力的比拼。包括对现有问题提出的新的解决方案，形成一系列的竞选主张，以供选民们挑选。一个能不断在系统内提出好的方案的人，从理论上来说也更能应对复杂的卫生问题。

政府机构面对这样一个会挑竞争对手刺头的人，也会对自己的不良行为收敛许多。

当然，在控制部门，如财务、会计、质检这些部门，这种方式是可以使用的，因为它本身不进行生产。控制部门本身对信息的反馈也只会对协调层的总经理及作为总经理上级的决策层产生影响，对决策—执行系统运行不会产生直接影响。当然，面对更多的控制信息，也考验着决策者的判断能力。

对于公司多数部门来说，这种相互制衡会导致决策难以统一执行。公司的财力是有限的，最重要的是公司有许多问题要及时处理，而这些处理问题的人是对董事会负责的。公司可以轻易地找到负责人。

所以，部门内部的相互制衡绝对不是公司治理的最好办法。那么，怎样获得公司预算的准确性呢？

我们面对无法判定的困惑，最好的办法就是借鉴过去项目中实践的经验，以项目的案例来判定预算的合理性。

对于一个项目而言，先研究项目是否值得投入，然后由项目组自己来判定各个任务者需要的花费，以这些任务者的花费来判定执行相对应任务的各部门的花费。

我们把以过去类似的项目案例来判定新项目或新计划花费的方法称为**项目案例法**。

财务部门还可以把类似的项目创新做比较，从而看出哪些部门花费可能超出预算，哪些部门花费节俭。这种抽象的比较也是项目案例法的应用。

所有这些预算建议都应最后由董事会审议，而不是直接与被控制的部门联系，这样才能真正达到在计划上控制支出的效果。

借贷记账法应该叫资权记账法——复式记账新解

前面说会计是执行财务计划的组织部门，但这种执行是怎样体现在会计工作中的呢？人们什么时候才有科学的会计方法让会计与财务工作协调一致，从而使会计工作变得合理高效呢？

这就要从复式记账的产生说起。德国诗人、文学家、哲学家歌德（Goethe）形容复式簿记是"人类智慧的绝妙创造之一，每一个精明的商人从事经营活动都必须利用它"。数学家凯利（Cayley）认为，复式簿记原理"像欧几里得的比率理论一样，是绝对完善的"。

复式簿记从萌芽到比较完备，大致经历了300年。最早流行于佛罗伦萨的复式簿记的形式仅限于记录债权、债务；后来在热那亚应用的账簿已把记账对象扩大到商品和现金。比较完备的复式簿记是威尼斯盛行的方法。威尼斯的簿记，除记录债权、债务、商品和现金外，还设立了"损益"和"资本"账户。卢卡·巴其阿勒总结推广的复式簿记，正是当时已臻于完美形式的威尼斯簿记。今天我们仍然遵循复式簿记的基本原理和规则，在卢卡·巴其阿勒的《簿记论》（会计论）中几乎已包括无遗。

由于有了复式记账，资产与现金的实际转化可以清晰地展现出来。

最基本的会计恒等式为：

资产＝负债＋股东权益   公式（1）

其中，负债其实也是股东权益的一种，所以会计恒等式的实质就是公司的资产永远与股东权益是一致的，只是在两个不同的账户体现而已。

因为公司既会赚钱也会亏本的，有人把上述公式扩展成以下形式：

资产＝负债＋所有者权益＋收入－费用   公式（2）

不过，这种形式把所有者权益与负债者的权益等同起来了，所以这个公式是错误的。

实际上，负债只是按约定偿还负债及利息支付，而其收入则属于所有者权益增加，同时表现为资产增加。当然，费用增加，也不能使负债按约定偿还负债以及利息支付减少，而是所有者权益减少以及资产减少。

实际应用中，

固定设备、原材料成本、人力成本＋产品 资产＝固定设备+原材料成本+人力成本+产品 公式（3）

其中，固定设备、原材料成本、产品成本在记账中都有专门项目，而人力成本及备用资金则主要以现金的形式体现。

所以，（3）式又可以写成：

资产＝固定设备+原材料成本+现金+产品 公式（4）

综合公式（1）与公式（4），有：

固定设备+原材料成本+现金+产品＝负债+股东权益 公式（5）

复式记账一方面把资产在组织中各部门使用的投资变成人力、工具、资源和产品的情况下的收支罗列出来，另一方面把股东权益及负债罗列出来，让人们可以清楚地看到公司资产的变化以及股东投入的变化。

举例说明公式（5）的应用：

当用现金购买固定设备或原材料时，现金减少了，而负债与股东权益不变。

当原材料加工成半成品时，实际上原材料消失了，股东权益减少了，一旦原材料加工失败就是公司的损失。当然，有的会计只会在企业加工原材料失败时做这项记录，而平时则省去此步骤。

当产品生产出来时，可以先将产品按市场价计入账本，公司就算有了收入，也只是股东权益增加。

当产品出售变现时，则库存产品减少，现金增加，股东权益与债权人权益不变。

当借了钱，负债增加，则资本增加，固定设备、原材料成本、现金三者中的一种或几种增加，而且负债的金额与资本增加的金额一致。

当股东投入了钱，则资本增加，固定设备、原材料成本、现金三者中的一种或几种增加，而且投资的金额与资本增加的金额一致。

可以看出，无论公司资产与股东投入如何变化，公司资产都是属于股东与债权人的，而收益与损失则只属于股东。

现在我国主要的复式记账方法称为借贷记账法。这种称呼很容易使初学者产生歧义，因为现代汉语中的借、贷都是借的意思。

贷是一种会计科目，显示资产方的减少或负债方的增加，对应概念为借，如银行、信用合作社等机构借钱给用钱的部门或个人。

借是暂时使用别人的财物的意思。

实际上，如果把债权人看成只收利息的股东，借贷记账法就是公司资产、股东权益两个不同账户的互动关系。其中，任意一个账户的财务增减，都将引起两个账户的同步财务增减，因为它们本身就是同一个账户。所以，借贷记账法，实质应叫作**资权记账法**。

会计的收支除了留底自己统计之外，还可以提交给财务部门审计以达到控制的目的。让财务部门看看组织部门、生产部门的花费与收入是不是和计划一致。而协调管理层也可看出决策与制订的计划和实际收支的不同点,从而调整计划并将意见反馈给决策层。

由于资权记账法一方面可以把资产在组织中各部门的支出资金变成人力、工具、资源的情况以及这种组织情况下的产品、收入罗列出来,另一方面可以把股东权益及负债罗列出来,因此,不论是财务人员还是总经理或决策人员,都要对各项经济要素的变动有一个清晰的认识。通过对比不同时期支出与收入资金的不同,可以敏锐地查找出人力、工具、资源、资金的供应情况,从而决定各种要素的投资比例。例如:在人力成本过高的时期,我们就可以寻找高效率的工具代替人力;如果发现有资金低利率的情况,我们就可以寻找投资,扩大规模;等等。总之,资权记账法是一种把组织变动清晰地体现出来,以利于公司总经理和决策层控制的一种科学方法。

强制计划控制危机——医院的护士都在填报表

控制成为工作障碍的极端例子并不是发生在制造业中,而是发生在零售业和医院中。

德鲁克举了以下例子:

在百货公司中,无疑需要很多的控制。每笔销售都要做记录。还需要有关存货控制、记账、信贷、发货等方面的信息。但是,在很多百货公司中,要求售货员提供有关控制的全部信息。其结果是,售货员从事他本身销售工作的时间愈来愈少。在美国的某些大零售商店中,售货员三分之二的时间用于处理这些报表工作，只有三分之一的时间用于售货。要改变这种情况有一种简单而有效的方法：让售货员从事他们为顾客服务的工作，而把全部报表工作交由另外一位办事员去处理，这位办事员为几位售货员担任全部的报表工作。这样做，对售货员的销售能力和情绪都有极为良好的影响。

在医院中，需要进行控制的事情也很多，从医疗记录和记账到处理医疗保险费的偿付和病人个人医师医药费的偿付等。在医院中，这些泛滥成灾的报表工作一般都由护士来负责，这是极为严重的错误控制。这使得护士把很多时间花在办公桌上填报表而用于照顾病人的时间愈来愈少。改变这种情况的办法也很简单：设立一个病房办事员。这个病房办事员通常由见习管理人员担任，他负责有关这些大量信息处理方面的工作，其中包括向护士提供他从事工作时必需的资料；这不但较为经济（因为见习管理人员的工资一般较护士低得多，而且也应该如此），而且尤其重要的是，可以合理地使用护士这种较为缺乏的技术人才。

——节选自《管理任务、责任和实践》

对于工作计划的制订者来说，每天花半小时填一些表格，做工作的自我总结是一件很轻松的事。毕竟对一天做 8 小时计划工作的经理来说，一天做半小时的工作反馈实在算不上什么。员工们可以通过反馈各种表格不断提升自己，而经理们可以看到员工的努力以及顾客的需要，似乎一切都那么理所当然。

但现实却并非如此，做实际工作的员工对于每天相同的日常工作，实在不知道如何把它记录得让管理者满意，没有一个管理者希望看到千篇一律的报表，因此员工们每天都要绞尽脑汁编造一些说法把报表填满，这对于以执行操作计划为主业的员工会相当的不习惯。

更大的问题在于，突破工作计划的自行决策绝大多数是不理性的。

这就像项目创新一样，它的成功率是十分低的。

员工对于计划之外的情况的处理就是这样，可以说都是在摸索中不断改进的。要让员工在报表中体现这种无数次的改进而后成功的过程基本是不可能的。

我们把强制员工计划控制所产生的问题称为**强制计划控制危机**。

因此，员工如果在强迫填写每日成绩报表的工作环境中，要么造假隐瞒改进工作的过程，要么只按管理者的工作计划办事。因为只有这种不求有功、但求无过的工作方式才可能符合报表中的要求。

至于真正有必要的计划工作报表的记录，可以由工作的设计者来抽样完成，对于销售人员的报表可以由产品的设计者与市场开发者来抽样完成，这样他们可以更加清楚地了解市场上的需求。而在医院里，这种工作由医生或实习的医生来抽样完成，通过对病人各种情况的记录以及用药的记录，可以更加全面地分析治疗计划的得失。

可能还有人会说，对于护士这样的工作，我们不在乎她们工作量的增加，可以请更多的人来分担这些工作，我们需要的是确认她们是否按计划工作。

不过，这只是一种理想主义的思维方式。当护士在办公室里填写报表时，就会推脱照顾病人的工作。因为报表是管理者们每天要看的，填写报表才是执行管理计划的最有效手段，当有人来检查工作时最有效的挡箭牌就是我在做填写报表的工作。

作为护士、商场销售人员这样的计划执行者，组织聘用他们，就表示认可他们的能力。而在执行计划的过程中，又对他们进行监控，就是一种不认可他们能力的表现。所以，组织实际是在做逻辑冲突的计划，当然不会成功。

要检查护士们的工作成绩，就要依靠检查医疗计划的制订者医生们给护士的计划有没有执行，如果执行了，病人、医生都会看得到。如果有护士不认真执行，那么她就不适合护士这个岗位，就要对其进行教育或者采用其他方法。这种由医生或病人反馈，再由专业人员检查的方式，比让护士每天填写报表有效得多。

对于公司的质量控制也是一样，成熟的工作计划的执行只需要抽检即可，对于创新项目才需要所有过程都仔细记录在案的检查，这样就不会产生强制计划控制危机。如果一个工作计划总是出问题，那么只能说这个计划还不完善，以后改进的余地还很大，这时应当重新反思计划及其项目的可行性。

统一标准原则——劣币驱逐良币现象新解

劣币驱逐良币是经济学中一个古老的原理，它说的是铸币流通时代，在银和金同为本位货币的情况下，一国要为金币和银币之间规定价值比率，并按照这一比率无限制地自由买卖金银，金币和银币可以同时流通。由于金和银本身的价值是变动的，这种金属货币本身价值的变动与两者的兑换比率相对保持不变就产生了劣币驱逐良币的现象，使复本位制无法实现。比如说当金和银的兑换比率是 1：15，当银由于开采成本降低而价值降低时，人们就按上述比率用银兑换金，将其储藏，最后使银充斥于货币流通，排斥了金；相反，如果银的价值上升而金的价值降低，人们就会用金按上述比例兑换银，将银储存，流通中就只是金币。这就是说，实际价值较高的"良币"渐渐为人们储存而离开流通市场，使得实际价值较低的"劣币"充斥市场。由于这一现象最早被英国的财政大臣格雷欣（1533—1603）发现，故又称为"格雷欣法则"。

实现格雷欣法则要具备如下条件：劣币和良币同时为法定货币；两种货币有一定法定比率；两种货币的总和必须超过社会所需的货币量。

按《幸福经济学》中的货币理论，货币在交换中是商品交换比例的量度基准。所以，在过去金、银同为法定货币的时代，就会产生两种不同比例的交换基准。

金、银作为交换的产品在市场中的价格在产品的实用阶段与产品的生产效率成反比，也就是说生产效率高的价格低。但货币比例的制定者无法认识到两者之间的关系，也不会随着金、银生产效率的变化来改变兑换比例。

基于交换是生产的一种特殊形式的理论，人们在市场中用金、银作为交换中间工具，是为了提高交换效率，实际上等同于提高自己的生产效率。因此，人们就会在市场交换中留下生产效率低而价格高的产品，从而使自己的生产效率达到最大化。

这就导致了市场上流通的货币是生产效率高而价格低的产品。这与上面陈述的"比如说当金和银的兑换比率是 1：15，当银由于开采成本降低而价值降低时，人们就按上述比率用银兑换金，将其储存"是一致的。

因此，劣币驱逐良币实际上是货币制定者在制定货币时无视市场规律而制定兑换比例产生的问题，只要保证市场货币定价的统一标准，供应与商品量匹配的货币，这种问题就不会发生。

在公司的产品检查之中也是一样，一旦发现公司现在生产的产品品质总是不如原来的好，那很可能是发生了劣币驱逐良币的现象。这种现象的根源就在于我们把差原料与好原料、差部件与好部件本来要分开的标准混淆了。

如果想要重新获得良好的原料供应，就要统一检查的标准。我们把这一原则称为**统一标准原则**。

这种统一在过去计划、组织、领导部门没有统一标准流程的情况下很难出现，因为计划、组织、领导部门都会依据自己的部门需要让质检部门按本部门要求检验。

计划部门会说自己的图纸才是依据，组织部门会说降低成本是老板的意思，执行部门会说一切应当依照实际情况、以生产好产品为标准。这些说法似乎都有道理。不过，降低成本以及最终产品的项目实验应在项目小组的实践中完成，在现实的生产中这些都不是使组织、执行部门偏离计划标准的理由。即使执行中出现重大问题，也应当立即停止生产并调动计划部门进行计划创新。

如果组织部门降低成本的标准或者执行部门完成生产为目标的标准取代了计划标准，那么产品的质量就会停留在降低成本或完成目标的标准上。只要组织、执行部门对产品检验采取了不同于计划部门的标准，就会导致产品质量无法保障。

　　有的时候，计划部门内部也会存在对同一质量检查标准的不一致，就像同时以金、银为货币的计划一样。

　　质检人员在工作中如果发现公司存在产品质量下降的现象，而自己手中的检验标准没有改变，那么就可以从统一标准原则来思考计划之中是否存在漏洞，找出计划、组织、执行部门执行的是不是双重标准。

图书在版编目(CIP)数据

水火管理学/ 谭立东著.—成都:西南财经大学出版社,2019.5
ISBN 978-7-5504-3932-0

Ⅰ.①水… Ⅱ.①谭… Ⅲ.①企业管理—通俗读物
Ⅳ.①F272-49

中国版本图书馆 CIP 数据核字(2019)第 073474 号

水火管理学

SHUIHUO GUANLIXUE

谭立东 著

责任编辑:王正好
封面设计:摘星辰·Diou
责任印制:朱曼丽

出版发行	西南财经大学出版社(四川省成都市光华村街 55 号)
网 址	http://www.bookcj.com
电子邮件	bookcj@foxmail.com
邮政编码	610074
电 话	028-87353785
照 排	四川胜翔数码印务设计有限公司
印 刷	四川新财印务有限公司
成品尺寸	142mm×210mm
印 张	7.625
字 数	245 千字
版 次	2019 年 5 月第 1 版
印 次	2019 年 5 月第 1 次印刷
书 号	ISBN 978-7-5504-3932-0
定 价	49.80 元